辞めさせたくない社員が辞めない組織

生産力アップのための新リーダー読本

人材激薄の介護業界もよみがえる
次世代リーダーのつくり方

著 井戸和宏

ヒポ・サイエンス出版

はじめに

企業イノベーションの背景に「福祉マインドあり」

筆者は、おもに介護経営マネジメントや人材の育成、メンタルヘルスを軸に組織改善のコンサルティングの仕事をしてきました。

近年は、「働き方改革」や「健康経営」の実践が最優先課題となってきました。大手企業に続けとばかりに中小企業を含む一般企業が、価値をうみだす社員の育成に頭を悩ませています。小社などが提供している「組織改善」「人財活性化プログラム」や「メンタルヘルス」の導入相談が増加しているのも、その一つです。

先日、ある不動産業界団体に呼ばれてお話をしました。そのとき、「介護業界を中心に仕事をしてきた私に声をかけていただいたのはなぜですか」とお伺いしたところ、次のような答えが返ってきました。

「組織診断やマネジメントのためのツールはいろいろとあります。しかし、今、業界はＡＩなどハイテクが積極的に導入され、少人数で高い生産性をあげようとしています。**このような時代に最後まで必要とされる人材は、他者をケアできる人材だと思っています**」。

ＡＩ、通信などハイテク時代の企業に必要とされる人材は、多様な価値観や文化を持つ人々を、おもてなしの精神（ホスピタリティ）で受け入れたり、配慮（ケア）できる人間ではないか、というのです。

これは私が常々考えていたことなので、思わず顔がほころびました。

介護の仕事は「3K」といわれてきました。「きつい、きたない、給料が安い」といった意味のようですが、実際の介護の仕事は、人と出会い、相手と喜びを分かちあう仕事です。私が学んできた介護の3Kは、「気づき、気づかい、気働《きばたら》き」です。

筆者は、起業する前、社会福祉法人で10年ほど仕事をしてから、営利企業の介護事業所でマネジメント業務を行いました。ここでドラッカーの提唱するMBO（目標管理制度、Management By Objectives）と出会い、実践するようになりました。

MBOは、社員一人ひとりがリーダーとともに目標を明確に設定して、管理するという、極めて主体的な働き方です。本文に述べますが、実は、これは福祉・介護事業に親しみのある働き方です。

現在、多くのマネジャーが悩む課題は、「従業員のモチベーションが上がらない」「管理されることを嫌う」「チームが機能しにくい」というものです。筆者が企業の教育的サポートを行いながら気づいたのは、MBOの解釈に日本的な「ずれ」があったり、実践するにあたっての必要なスキルが不十分であることです。この問題は、人材激薄《げきうす》の現在、社会的な課題となってきました。

「厄介者」の存在は重要

私が会社を独立させてから請け負ってきた仕事は、さまざまな会社や法人からの課題解決の依頼です。たとえば、行政を通じて相談のあった、ある大手の介護事業会社からの依頼は、「新規開設1年半で離職率83％、施設長（課長クラス）も退職」という状況下での立て直しでした。一般ビジネスの世界でしたら淘汰《とうた》されてしまいかねないのですが、介護事業は、国や市からの補助金もあり、すでに入居されている人の生活がありますから、簡単には終わらせられません。

小社の専門資格を有したスタッフが介護のシフトに入り、オペレーションの課題解決や仕事のマニュアルづくりを行うなど、かなりテコ入れしました。3か月ほどで職員の退職サイクルが止まり、その後、理念・ビジョンづくりや、マニュアル整備といったプロジェクト化によって立て直しに成功しました。

手法は、基本的なもので、

① 問題点を「見える化」して課題を抽出する
② 課題を全社員と共有する
③ 解決に向けたビジョンづくり
④ 組織とチームのズレが生じない信頼性の高い組織づくり
⑤ 社員・リーダーのメンタルヘルス施策

の5点です。そして、これらのコアとなるものがあります。

1対1の「対話」による「ラポール（信頼関係）形成」です。どんなに大きな組織でも、キーになるのは1対1のラポールです。

ラポール（rapport）とは、フランス語で「関係」（英語の〝relation〟）を表す日常用語ですが、カウンセリングなどの対人援助の文脈で用いられるときは、「**良好な信頼関係**」とされます。すなわち援助者とクライアント（対象者）との相互理解が深められ、お互いに「心が通じ合っている」と思える関係を意味します。

城壁をつくるとき、一つひとつの石を組み合わせていくように、縦横に隣り合う石ががっしりと組み合わなければ頑丈なものはつくれません。組織では、この一つひとつの石組みがラポールです。

それぞれの石は個性的です。互いに認め合い、人間性を磨き合うなかで、ラポールが生まれ、組織という強い城壁が築かれます。IT、ロボットの時代だからこそ、高い人間性がますます求められます。

一見、不平不満を訴えるスタッフは組織にとって「厄介者」のイメージを持つかもしれませんが、それらのスタッフの大半は、「こうありたい」という自分を持っています。

「今の職場は最悪だ」というスタッフの言葉を受け入れます。そして、さらに踏み込んで、その最悪と思える職場を、快適に変える「学びの場」や、「提案」というプロセスに変えてみませんか?と問いかけてみたらどうでしょう。

そのスタッフは目を丸くしながら、「自分にできるかどうかわからないけど、現状が変わるのならやってみたい」というかもしれません。

現に、筆者は、そういって退職を撤回したスタッフが困難を乗り越え、数年後にリーダーとして活躍している現場を目《ま》の当たりにしています。

スタッフにとって仕事をしながら人間性を磨くことの実感が得られれば、仕事は面白くなり、主体的に行動するようになります。組織はより「効率化」し、成果を上げる組織へと成長していきます。

目先の利益よりラポールを

どのビジネスにも「気づき、気づかい、気働《きばたら》き」が求められています。

最近、仕事でトップセールスの方の話を伺う機会が多いのですが、成功している人ほど、最初に相手の困っていることをじっくり聞き（あるいは調べて）、その企業にとって本当に必要なモノ・人・情報を、契約獲得や売上につながらないとわかっていても提供するといいます。

「報酬」を得ることも、とうぜん考えていますが、トップセールスマンの心の中では、小手先のgive&takeへの関心よりも、「この会社に最も必要なものはこの商材」であり、この会社にこの商品を入れれば、会社や社会にもっと貢献できるのではないかという「win-win-win」の信念です。利益より「ホスピタリティ」を先行させるからこそラポールを築くことができるし、ラポール構築が得意な人だからこそ、仕事の成果につながるのです。

高業績を上げている人の仕事では、「仕事を通じて世の中を幸せにしている」という共通の価値観があります。そうでなければ仕事から感動は得られませんし、仕事が広がりません。感動も広がりもない仕事はやがて行き詰ります。

ラポールが先か、利益追求が先かは、単なる「気持ち」の問題ではありません。ビジネスの根本命題と言えるものです。

実は、介護や福祉の世界ではラポール形成こそが重要な「スキル」です。

このスキル習得には一定の教育法がありますが、業務そのものの大半がトレーニングの時間といっても過言ではありません。

たとえば、脳卒中などで、一人で食事をすることが難しい利用者に食事介助をします。しかし、介護サービスの選択肢は、単純に「食事を介助する」だけではありません。相手への敬意を持ち、対話や行動観察をもとに、その方がどうしたら一人で食事ができるようになるかを工夫しながら関わるのです。

これは、介護保険の目的でもある「自立支援」の考え方です。しかし、介護保険では、介護に要する「手間」がどのくらいかかるかで「要介護度」が決まるため、自立支援を進めると要介護度が下がり報酬が下がるというジレンマもあります。

それでもプロ意識の高い介護者は、利用者とのラポールを形成し、その方にとって最善の生き方、つまりＱＯＬ（生活の質、Quality Of Life）を追求することを大切に仕事をしています。私は、この高い倫理観に基づく専門職意識を「福祉マインド」と呼んでいます。福祉マインドを持つ人たちは、**その人の喜びを自分の喜びのように共感できる人**です。

トップセールスの事例にあてはめると、顧客の信頼が得られることで、社会からの評価を得て、製品が売れます。そこに感動が得られるから、人材が集まります。

福祉の精神は「三方よし」

介護の仕事が誤解されるのも、この福祉マインドゆえかもしれません。就業形態として、時間外にも自ら進んで関わり、サービス残業が多く、休日も出勤する割には給与が少ない、というイメージがあります。

しかし、介護の仕事は、「福祉」の枠組みから「介護保険サービス」となり、「介護ビジネス」と呼ばれるようになりました。福祉マインドゆえに「サービス残業」を容認してきた法人は、このままでは「ブラック企業」と言われても仕方がありません。これまでの「容認」を続ければ、「やりがい搾取（さくしゅ）」になります。これは、マネジャーが「やりがい」を残業代のように考えて労務マネジメントを行うことをいいます。これでは人の心が離れるばかりです。

介護事業は、今、イノベーション（技術革新、組織改革）を必要としています。

介護は「福祉」（welfare）を源流としていますが、福祉とは、「多くの人の幸せ」を意味します。では、福祉マインドのないビジネスなんてものが成り立つのでしょうか。介護がサービス対価を得るビジネスであるように、「ビジネス」もまた一般の人の生活を潤すものであるはずです。

筆者が、介護事業以外の業界での人材育成や組織マネジメント支援に関われば関わるほど、企業イノベーションには、福祉マインドを組織の中核に置く必要があることを確信するようになりました。それによって最適なパフォーマンスを実現できる環境をシステム化します。これができれば、多様性を受け入れ、相互に意味のあるコミュニケーションが行われ、仕事の中に感動や夢が生まれます。

感動も夢もない仕事からは、人の心は徐々に離れていきます。離れないまでも、「心ここにない仕事」をしてしまいます。

江戸時代、日本の商業の言葉に、「三方よし」というものがありました。「売り手よし」「買い手よし」「世間よし」の意味で、売った者、買った者が満足するだけでなく、社会にとってもいいという意味です。これぞ福祉マインドとビジネスのマッチングモデルではないでしょうか。福祉もビジネスも「三方よし」でなければ進められません。先述の win-win-win のビジネスです。

今、どの企業も採用や社内コミュニケーションの円滑化で悩んでいます。また組織が閉塞化するなかで、若者の離職に苦しんでいます。

「えっ、こんなところに、企業イノベーションの立て方、コミュニケーションの円滑化があったのか」ということを、この本の中で見つけ、納得していただければ幸いです。

介護業界の方は、どうか、福祉マインドが、すべてのビジネス世界で大切な価値あるものと認識して創造的な仕事をしてください。それ以外の業界の方は、福祉マインドの中にある繊細なラポールのあり方を見直して、イノベーションを起こしてください。

本書が、皆様にとって、少しでもお役に立つものであることを切に望みます。

井戸和宏

●生産力アップのための新リーダー読本
辞めさせたくない社員が辞めない組織
人材激薄の介護業界もよみがえる次世代組織のつくり方

目次
CONTENT

第一章

相手を尊敬する力を養う

～イノベーションは互いの尊敬から

奉仕を求めるのはブラックか？

多くの経営者は、起業したときの熱い思いを「企業理念」として文章や言葉にすることに時間がかかります。あるいはせっかくの理念が装飾品のように机のひきだしにしまわれたままになっています。そのうちに目の前の業務と経営数値に追われて、最初のイメージとの乖離《かいり》が生まれます。

企業理念は社員を確保するときにも欠かせない要件ですが、ほとんどの会社は、求人時に、企業理念を互いの了解事項として役立てていません。

大企業でも、若者の3割が3年以内に離職する時代です。現役世代が減少傾向にあり、もはや構造的に人手不足です。「終身雇用」といわれていたときのように、会社に奉仕する時代ではありません。

会社が社員に求めるべきものは、「奉仕の精神」ではなく（そんなことをいったらブラック企業といわれそうです）、「互いに成長しあう仲間」です。

企業側から、もうちょっと渋みを利かせていえば、「人育て企業」です。

でも、「人育て」というのは、今の時代ちょっと「上から目線で偉《えら》そう」です。**人は互いに「育てあって」成長するものです。ここで認識を間違ってしまうと、会社が従業員を、上司が部下を、リーダーがメンバーを、一方的に教育し支配してしまう関係になります。**

上司にしても、いつも部下の前で体面を傷つけないように、格好をつけていなければならないのは窮屈《きゅうくつ》です。むしろ、部下から何を学べるかをワクワクしながら考えるほうが、弾力的で柔軟な信頼関係を築くことができます。

図表 1-1　ピラミッド型組織（左）では、若い社員はついてこない

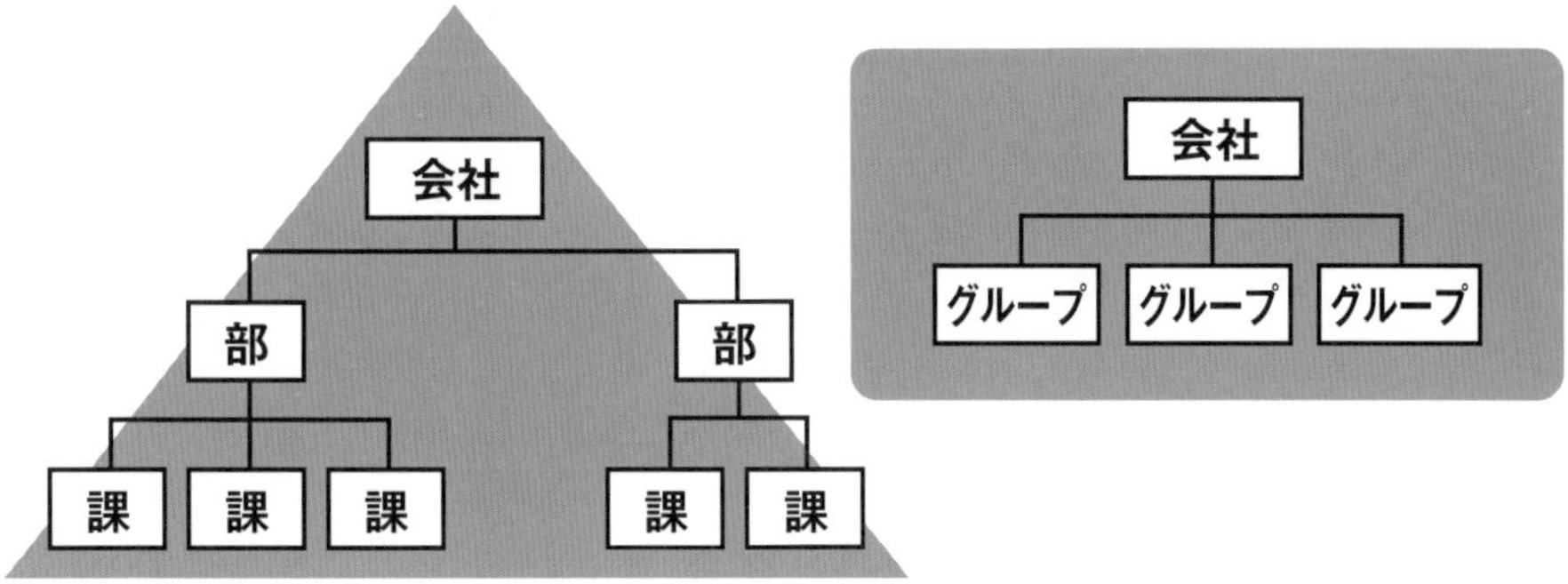

野球少年だった筆者も、管理者時代当初は、「軍隊式のリーダーシップ」を実践したように思います。部下には私の描いたように動いてもらいたいと願っていました。

私事で恐縮ですが、筆者の息子は高校でサッカーをしており、息子との会話から日本で戦前から根づいている野球と、比較的新しいスポーツであるサッカーでは、チームの運営方法が違うことに驚きました。現在の野球もさま変わりしたかもしれませんが。

かつて野球は、先輩後輩の上下関係がはっきりしていて、年配者の命令は絶対でした。レギュラー選手になっても先輩のスパイクを磨《みが》きます。

ところがサッカーには上下関係がほとんどなく、あえていえば上手《じょうず》・下手《へた》が唯一の上下関係です。もちろん上下関係といっても、後輩にスパイクを磨かせたりはしないそうです。ともに喜びを分かち合い、それぞれにできるベストを考え、チームに貢献します。

よくいわれる「ピラミッド型組織」と「フラット型組織」の違いです（図表1-1）。かつてのようなピラミッド型組織では、人が納得してついてこない時代になりました。フラット型組織こそ、これからの時代のスタンダードだと言えます。そうでなければ世代間のギャップは埋まらず、人も育ちにくく、いつまでも「ブラック」がはびこります。

しかし、そう簡単に組織は変えられません。組織図を変更しても絵に描いた餅になります。本書のテーマでもありますが、職場・チーム内にさまざまな方法で「1対1ラポール（信頼関係）」を形成することができれば組織は自ずと変わっていきます。

現在の「一人前」の意味

筆者は、古いタイプの野球部上がりですから、かつて入社した会社でリーダーになると、意気揚々《いきようよう》と上下関係のはっきりしたチームづくりを意識しました。

これまでの取り組みを全面的に見直して、次々に新しい提案を打ち出しました。すると、先輩社員の数名が「辞める」と言い出し、数名は「これまでの方法を変えたくない」と言いはり、笛吹けど踊らずの悪戦苦闘がはじまりました。

とはいえ、当時は、さいわい、募集すれば人材がまだ集まる時代でしたから、「オレについて来い」方式で、人を「管理」し、「教育」することができました。筆者の理想とする仕事や戦略に頑強に反対した人は辞めていき、その後、募集やハンティングを行い、理念を実践するチームづくりを実現し、結果も出しました。もし、今なら「何で、こんなに辞めさせているんだ。採用にいくらかかると思っているんだ」とリーダー失格の烙印《らくいん》を押されることでしょう。

介護事業は「労働集約型」の典型的モデルです。24時間365日絶え間なく人間の働きを「シフト」することでつないでいきます。ケアはチームで行われ、チームの働きは顧客である利用者のＱＯＬ（生活の質）に直結します。

チームに突然欠員が生じれば、誰かがその穴埋めをすることになり、欠員状態が長く続けば、結果的にはマネジメントが機能しなくなります。ですから、メンバー一人ひとりがとても大事な「資産」なのです。それでようやく「オレについて来い」方式では通用しないことを痛感しました。

しかし、そこからが本当の意味での試行錯誤でした。きれいごとではなく「多様な価値観」に骨の髄まで向き合わないと仕事が進まないのです。

人を大事にしようと思っているのに、相手の間違いを認めさせる説教をするなど、結局、排他的になっている自分を感じてうんざりします。そのような状態の中で、心理学、労務管理などを学び直し、いろいろな人に会って話を聞きました。

ようやく気づいてきたことは、「理論的」には自分が正しいかもしれないが、そうだとしても「武器」にすべきは、理論ではなく、相手の考えを聴き、そこからの対話をはじめることでした。人を傷つけても何の成果もありません。信頼関係を失うだけです。

人は誰でも他者に自分（の価値観）を何とか認めてほしいと強く思います。しかし、それは自己中心的な思考方法です。そのような気持ちが強くなると他者の価値観は間違っているか、間違っていないまでも変えるべきだ、と確信します。

たとえば、若い人が、「仕事をさっさと終わらせて早く帰りたい」と思うのは、年輩の人には、「社会人として一人前ではない」と思うかもしれません。しかし、若い人は、サボりたいわけではなく、やるべき仕事を決められた時間内で終わらせるのは当然と考えているだけです。

「一人前」の価値観も一人ひとり違いがあります。もはや労働人口が減少し、マーケットシェアの獲得競争をする前に、働き手を集めなければならない時代です。それには、外国人を含めて多様な価値観を受け入れるしか道はありません。

「数字は裏切らない」という幻想

私も経営者であるので、数値に対する信頼は絶対です。成果がはっきり出れば安心できます。

しかし、この成果や数値実績は、過去に土壌を育て、蒔《ま》いた種の実りです。メンバーが入れ替われば、畑を耕すところからはじめなければなりません。自然界の法則はビジネスの法則でもあるのです。

つまり、**成果を上げようとして数値目標を立て、短期的な収益をあげても、「土壌」である組織環境を常に耕し続けていなければ、土壌は枯れ、豊かな実りは継続しません。**

土壌というのは、人材とその環境です。人材とその環境が土壌の有機物を分解し、エネルギーを生み出し、豊かなイノベーションを起こすのです。

豊かな土壌を創り出すためには3〜5年が必要です。組織マネジメントが上手な経営者は、この時間を計算しながらビジネスを考えられる人です。

経営者が、目の前の数値や実績だけに目を向け、これを追求するだけのマネジメントを行うと、スタッフもまた、入社時に共感した理念やビジョンを忘れ、目の前の数値目標の達成に追われるようになります。

その結果として疲弊し、心は会社から離れ、会社が目指した目標達成もおぼつかなくなります。

いっぽうで、多様な人材の価値観を大切にすることで会社の業績を急成長させている企業が多くあります。これからの企業が生き残る道は、多様な価値観を認める職場風土づくりです。

むしろ技術革新（イノベーション）は、価値観の多様性から生まれます。たとえば、「早く仕事を終わらせて家族と過ごしたり、遊びたい」という人のために、いかに集中的に効率よく働き、バリュー（価値）を生み出すかをテーマに仕事をします。そこから「働き方」の効率化やイノベーションが生まれます。イノベーションは一発逆転の「革命」ではありません。創造性を働かせながら、組織に新しい仕組みやアイデアを一つひとつ加えていくことによって実現します。

スーパーなどの求人でも「2時間だけ」など生活のニッチ（すきま）の提供を呼びかけるようになっています。あるいは、毎日、通勤しなくても地方生活を楽しみながら、ネットで仕事をできるようにしている会社も少なくありません。

その人たちが持っている生活ニーズや価値観をつかむことで、その人たちでなければ発想できないサービスや商品開発につなげることができます。一つの価値観は、そのニーズを持つ人たちの気持ちをつかむために有効です。人口減と価値観の多様化の時代には、ニーズを「ロット（量）」で考えるのではなく、「ニッチ（すきま）」で考える必要があります。

多様な価値を受け入れる文化の究極が「介護」ではないかと思います。

介護サービスに求められるものは、一人ひとりの「ＱＯＬ（生活の質）」「幸福」「快適さ」「自立」であり、それは、人によって異なるだけではなく、その日、その時間の気分によっても異なります。その需要に応えてこそ、顧客の満足や共感を呼ぶことができます。そして、利用者の高いＱＯＬを実現できる人は、夜遅くまで仕事をするのが正しい、と考える人ではなく、早く帰って家族といっしょの時間を楽しみたいと考える人です。

企業イノベーションを実現する最初のステップは、自分の価値観を変え、相手の価値観を受け入れることです。

環境の中で人は変わる

「気づき、気づかい、気働《きばたら》き」は、介護に必要な3要件ですが、これらはビジネスリーダーの条件でもあります。

筆者の小さな体験を述べます。

先述したように、筆者は、子どものころ野球少年で、放課後は真っ黒になって練習していたのですが、教室では引っ込み思案で、人前でものを話すのが苦手でした。

教室で、休み時間などに、机の上に坐って、足をぶらぶらさせ、「昨日さぁ」といいながら自然に仲間を集めて話の真ん中になる人をうらやましいなぁ、と思っていたものです。

中学3年のとき、「自打球」といって、自分が打ったボールが目に当たって網膜剥離《もうまくはくり》の手術を受け、主治医から「野球を続けてはダメ」と宣告される出来事がありました。

野球をもっとがんばるつもりで野球の強い高校をねらっていた少年にとって小さくない挫折です。

大好きな野球を禁じられたまま、野球に強い高校に入りました。野球もダメ、教室でも引っ込み思案では、あまりにもやるせないので、中学校の同級生が一人もいないのをいいことに、あることで「教室デビュー」を飾りました。

それは、中学校のとき憧れていた話し上手のマネをして、一人二人を前に、机に坐り、足をぶらぶらさせながら、「昨日さぁ」と話しはじめてみたのです。心理学でいう「モデリング」です。

たわいもないテレビのスポーツ番組の話だったと思うのですが、まだ互いに知り合って間もないクラスメイトが集まってきて、筆者を囲み、興味深そうに聞いているのです。

筆者は話しながら、驚きました。

これまでは、「自分は話し下手だから、人前では話せない」と信じ込んでいたのです。しかし、このとき、話の仕方には何らかの法則のようなものがあるんだな、と思いました。それまでは「自分は面白くない人間だ」と劣等感を抱いていたのですが、やり方の問題かもしれない、と。

自分でやってみて気づきがあったのです。教室での筆者の引っ込み思案は、これをきっかけに少しだけ変わりました。

リーダーは育てられるもの

野球以外に何もやりたいことが見つからず、少しだけグレたりしました。ちょうど、そのようなおりに、地域のある先輩から「井戸さん、時間ある?」と声をかけられました。

小学生などにレクリエーション活動を通して、団結したり、調和する力や、体力をつけさせるボランティア活動への誘いです。

このとき思い出したことがあります。小学生低学年のとき、公民館の祭りで、お金を持っていない筆者が「綿菓子」を羨《うらや》ましそうに眺めていると、それに気づいた高校生が、そっと綿菓子を私に渡して、「これ、失敗しちゃったからあげるよ」といってくれました。当時は大人に思えた高校生の気づかいです。

この高校生の優しさがうれしくて、自分も「こんなお兄さんになりたい」と、小学校高学年になると「ジュニアリーダー養成研修」に参加しました。中学では野球の練習のため参加しませんでしたが、このときは誘われるままに、「シニアリーダーズクラブ」に入会しました。

野球を禁じられ、やさぐれていた少年は、綿菓子の思い出で軌道修正したのです。といっても、はじめは、引っ込み思案で恥ずかしがり屋の筆者はなかなか子どもたちの輪の中心で大きな声を出せませんでした。あるとき、モジモジしているのを、ボランティアの大学生にグッと背中を押されて、大騒ぎして遊んでいる子どもたちの群れの中にダイビングしました。

たちまち子どもたちの好奇のまん丸い眼差《まなざ》しが筆者に集中し、「今度はどんな面白いことがあるの？」という期待で一瞬静かになりました。

筆者は、逃げも隠れもできず、おっかなびっくり、覚悟を決めて、まだうろ覚えの集団ゲームの指導をはじめました。すると、子どもたちが集まって来て大きな輪になりながら、とても楽しんでくれたのです。子どもたちは、「なんだ？このへたくそな高校生は」と思ったかもしれませんが、もっと楽しみたいという気持ちから純粋に受け入れてくれたのかもしれません。

筆者を、網の中ではねる魚のような子どもたちの中に投げ入れてくれた大学生と、指導下手の筆者を素直に受け入れてくれた小学生たちの気働きで、リーダーというもののコツを少しつかんだような気がしました。

その後、だんだん奥手だった自分が人前で話したり、地域の行事を主催するようになりました。**リーダーは生まれながらにして素質がある人もいるかもしれませんが、実際は、リーダーはつくられるものだと考えます。**

「話し合い」でほとんどが決められる

筆者がここで学んだことがもう一つあります。

昔、北欧の海賊は陸にあがって合議しながら方針を決めたそうですが、話し合うことで何でも決める文化があったようです。現在でも、北欧には、議場の話し合いで決める「コンセンサス・ポリティクス（合意型政治）」という政治的伝統があります。

私が高校時代に参加したリーダー活動でも、地域の夏祭りなど、すべての活動が合議で決められました。会議に参加した高校生や大学生たちからさまざまな意見が出てきました。高校生の筆者は、それぞれ面白い意見だと思いながら聞いていたのですが、議論が白熱すると、なかなかまとまりません。

筆者は、それぞれの発言や提案から、「あれ、何でよいところを合わせた意見は出ないんだろう」と不思議に思いました。そこで、「皆さんの意見を踏まえ、このようなものはいかがですか」と、提案と提案の本質的なつながりから、新しい提案をしてみたのです。

すると参加者たちは、「それならいいね」と、そこから急速に話がまとまるのは、面白くもあり楽しい経験でした。筆者は、彼らを尊敬していましたから、それぞれの意見を最大限に取り込む方法を考えただけです。

アイデアを出し合って、それを互いに尊重することで方向性が合意され、そこから次のステップのアイデアが生まれます。アイデアを出すのが得意な人、アイデアをまとめるのが得意な人など、得意・不得意はありますが、「皆でまとめよう」と楽しく頭をしぼっているうちに、一つのアイデアに収束していきます。最終的な議決をジャンケンや多数決で決める必要はないのです。「自分の意見が絶対だ」ではなく、多くの提案から、何がベストであるかを一緒に議論する土壌こそラポール（信頼関係）であり、よい発想の源泉です。

この経験は筆者には大きいものでした。

合議による議決を可能にするには、①楽しいイメージを膨らませる、②ポジティブ・シンキング（否定的な考え方をしない）をする、③参加者が互いに敬意を払う、④全員の意見に共通する「本質」を明らかにする、です。これらによって必ずよい結論を導くことができます。

場面によっては、「意見はまったく相反していて、共通する『本質』なんて考えられない」と思われることがあるかもしれません。この場合、あなたは、自分の感情や議論参加者の感情に左右されている可能性があります。

相手が、自分の価値観から物事をどう捉えたのかを想像します。そのためには、客観的な捉え方や質問をしていくべきです。相手のいいたいこと、いいたかったこと（本質）を理解しようとしながら、まったく異なる観点から議論を見直します。最初は、そうしようと意識するだけでも構いません。

相手と自分の言葉（ロジック）を、上から下から逆から見直してみます。立ち場を変えるのです。すると合意点は必ずみつけられます。**立ち場を自在に変えるという練習をしなければ、ダイバーシティ（価値多様化）の時代には生き残れません。**

ぶつかりあって当たり前

「組織が民主的でフラットな関係では何も決まらない」と考える人がいます。

しかし、それは合意形成の過程に何らかのひずみがあるからではないでしょうか。ピラミッド型の議決方法では社員の意見が反映されにくく、それを続けると組織のひずみが大きくなる可能性があります。

話し合いが楽しくない、人間関係が硬直している、何とかして話をまとめようという気持ちがない、誰かの提案だから気に食わない、といった気持ちが働いたら、会議はだらだら長びくだけです。

ときに価値観はぶつかり合うものです。それはよいことです。当たり前なことなのです。「ダイバーシティ」の時代の組織運営というのは、互いの価値観を尊重しながら上手にまとめていくことです。そこには知恵も必要です。

互いに尊重する者同士の議論が、最後まで平行線であっても、納得がいくまで話し合ったら必ず得るものがあります。最終的にはリーダーが話の中から本質を見極め、まとめたり、合意点を提案して決定のプロセスに進めます。

筆者は、福祉の世界に入ってから上司や部下とぶつかり合うことも多くありましたが、そこから学ぶことも少なくありませんでした。組織の中に、「体面」とか意地、ご都合主義といったマイナスの感情が埋め込まれていくことで組織は停滞します。これらの感情論を排し、組織の理念に基づく解決や決定ができるようなシステムづくりが必要です。

先述の通り、組織づくりの基礎にはラポール（信頼関係）が重要です。ラポールは感覚的・偶然的なものであるように思われがちですが、ラポール形成をシステム化することが組織づくりのポイントであり、永遠のテーマです。

相手の力を信頼する

自分とはまったく異なる価値観をもつ人を動かすには、まず、その価値観を受け入れる必要があります。異なる価値観を受け入れるには、自分の価値観を脇に置いて、相手の価値観を理解するために想像力をたっぷりと働かせます。

「『仕事をさっさと終わらせて早く帰りたい』なんて、そもそも仕事というものがわかっていない」という発想は古いのです。その若者はどんな世界観で育ち、人生に何を求めているのかを想像するほうがずっと生産的です。

介護を例にとって考えてみましょう。

脳卒中の後遺症などで身体が不自由になり、立ち上がることも難しい人にお風呂に入ってもらうためには、まずその人に、入浴を希望するかどうかを問います。

「お風呂を予定している時間ですが、ご気分はいかがですか。お風呂にお入りになりますか」。

ＯＫの返事があったら、

「それでは車椅子に移っていただき、浴室までご案内させていただきますがよろしいですか」からはじまって、ベッドから車椅子への一連の「移乗」の手順に入ります。

移乗介助は、転倒がともなうリスクの高い介護技術です。介護をはじめたばかりの人や、心に余裕がなく相手を思いやれない人は、その人の動きに合わせられず、ぐいぐいと相手を引っ張ってしまいます。

それは、相手が自らをコントロールする力を信じられないからです。利用者は、筋力が低下しているために不安定な動きなので、つい介護者が手を出します。介護者が力任せにムリな動きで相手を引き上げようとすると介護者の腰やひざを悪くするだけではなく、利用者にとってもバランスを崩しやすく非常に危険です。

そのうえ、介護者が利用者を力任せにぐいぐい引っ張るような介護を続けると、利用者はやがて自力で立ち上がろうとする意欲や、移動する筋力、バランス感覚を失ってしまいます。

介護では、相手にいくら重い障害があっても、互いに「信頼」することがなければ上手く行きません。介護は双方向の行為なのです。このことは介護における接遇の「いろは」ですが、企業のイノベーションにも欠かせない視点とも言えます。

信頼なければコミュニケーションもなし

そもそも、人間同士の関わりにおいて、誰かを信じることはリスキーです。ビジネスでいえば、「出し抜かれる」「裏切られる」といったリスクをともないます。短期的に利益を得ようとする人や会社がありますから、騙されないようにするためのリスク管理や警戒心も大切です。

しかし、筆者が思うに、「人を信じること、その人に頼る」ことは、自分自身の理念や価値観をはっきり持っているからこそできることです。言い方を変えると、「自分を信じるからこそ、相手にも頼られる」ことができるのです。「出し抜く」「裏切る」ことをふつうにしている人や会社は互いを信じられないはずです。そういう職場は、チームワークが発揮できず、やがて生産性が低下し、社会的な意味もないので、いつか消滅します。

自分に自信が持てないと、相手の話を素直に聴くことができなくなります。コミュニケーションは、相手との信頼あってこそ成立するものです。

介護では、常に利用者とのコミュニケーションがベースですが、介護をさせていただく際も、「相手の力を信頼する」ことは簡単ではありません。経験が少ない介護スタッフは、相手に信頼をおけないことが多く、まず最初の声かけから省略していることがあります。

介護スタッフによっては「お風呂に行きましょうね」とは言うのですが、「行きませんか」と相手の意思を問わないことがあります。

それはなぜかというと、もし「いやだ」と断られたら、仕事の手順が狂うからです。経験が浅い介護スタッフほど、相手を信頼できずに説明を省略しようとします。

高齢になったり認知機能が低下すると、人によっては入浴は疲れるし、怖いし、快適とは思えなくなります。ですから、入浴を嫌う人が多くなります。

入浴介助を単なる作業手順の一つと考える介護者は、何がなんでもお風呂に入ってもらわないと困ります。入居者には、自分の意思と異なっても集団生活に慣れてもらおうとします。そのような関り方を日々持たれれば、入居者はそのうちに、自分の意思でものを判断する気持ちを失います。

介護現場では、利用者の意思に合わせていると、時間がいくらあっても足りないということも事実です。しかし、その人のペースを大事にする施設も少なからずありますから、ムリということはないはずです。それに本人の心身の能力を維持することは、介護量を減らすことでもありますから、結果的には介護時間を節約できます。

問題は、まず、相手の力を信頼するという心の余裕がないことです。

一般企業の管理職の人は、「介護の現場はそんなに余裕がないのか」と思うかもしれません。しかし、一般企業の管理職の人も、そうやって部下の心と価値観を受け入れようとしているかどうか、考えてほしいのです。もしかしたら、介護現場と同じく、「仕事中に、そんな余裕はない」と答えるかもしれません。

互いの信頼関係を創り出すことは、ビジネスの現場も介護現場と変わらないのです。これでは組織イノベーションは起こりません。

自分の意見を聞いてもらうには、相手の意見を聞くことです。相手と信頼しあい（ラポールを形成し）、互いの価値観を認め合うことが早道です。

結論が先行するとサービスは確実に劣化する

　ところで、「お風呂に入りませんか」と入居者の意向を聞いて、もし「いやだ」と答えたとき、とうぜんながら相手にその理由を聞きます。

「風呂は夜入るものだ。昼間入るものじゃない」という答えがあったとします。

「では、夜ならお入りになりますか」。

「ああ、入る」。

　その場合、方法は2つあります。一つは、なぜ夜は入浴できないのかを利用者にわかりやすく説明します。夜は人員配置が手薄になるので、安全に入浴するために、明るいうちに入浴していただきたいことを丁寧に説明して納得してもらう方法です。

　2つ目の方法として、入居者の希望に合わせて、人員配置、仕事の手順を変えます。利用者の入浴時間に合わせて、職員のシフトを夜にずらすか、新たに夜の入浴スタッフを配置して、昼の時間帯と入れ替えます。

「そんなことはムリだ」と思ったら、サービスのイノベーションはできません。もともと介護の理念とは、「その人らしい生活を送ってもらうこと」であって、介護者の都合を優先することではないはずです。利用者の安心や満足が得られるのなら、職員の話し合いでサービス内容を検討する価値があります。

　つまり利用者に納得してもらうか、職員の働き方を変えるかという二者択一です。

　人員配置を変更する場合、スタッフ全員の合意形成が欠かせません。勤務形態が変わることになりますから、スタッフの納得が必要です。入浴スタッフの新たな採用が必要になるかもしれません。人材難の時代ですからそれはそれで難しい課題です。

だからといって、**はじめから職員同士の話し合いもなく、「例外なく決まりには従ってもらう」という結論が先行すると、「施設優先」の法則に介護者自身がしばられることになります。入浴だけではなく、さまざまなところで、毎日の忙しい業務に流され、組織のイノベーションもサービスのイノベーションもなくなります。**

ここで踏みとどまり、スタッフ全員で話し合って、スタッフ同士で時間を融通しあうことができれば、一人二人の夜の入浴なら可能（残業なしに）、ということになるかもしれません。スタッフのやりがいにもつながります。

イノベーションは「他人ごと」ではない

あるいは、上司を含めて話し合った結果、現時点でムリであることが確認されたら、利用者にはこう伝えるべきです。

「みんなで何とかしようと話し合ったけれど、今は夜の入浴がどうしてもできません。人が足りないのです。今後、対策を検討しますから、すみませんが、もうしばらく我慢していただくことはできますか」。

認知機能が低下している利用者に、何をいってもわからない、と思うのは間違いです。そもそう考えて、利用者に情報を与えず、1対1のラポールを築こうとしないことが、徘徊、不安、暴言などのBPSD＊につながるのです。

利用者のBPSDには、必ず理由があります。スタッフ同士のコミュニケーションの不足からその多くが起こります。「どうしてこの症状が起こったのか」を突き詰めていくと、スタッフの感情的な発言に由来することがあり、さらにその感情的な発言の原因を探ると、上司からスタッフへの情報が十分ではなかった、ということもあります。

実は、「情報を伝えない」という体質は、日本型経営の本質部分でもあります。介護者が利用者に十分な情報を与えないという問題点は、会社の上層部がスタッフに対しても持っているものです。上から下まで、非・情報共有組織なのです。

スタッフが互いにすばらしい信頼関係と仕事への意欲を持ち、「サービスを高めよう」と話し合っても、手持ちの情報でできることは限られています。上層部は、情報を公開することに慎重になりすぎたり、「結論」だけを伝える傾向があります。

上層部と末端社員の両者の話を聞いていると、お互いに、「この会社（社員）にはイノベーション志向がないからダメなんだ」と人ごとのようにいいます。

しかし、イノベーションは「わがこと」なのです。上は上で、下は下で、「自分が何とかそれを実現しよう」という思いからイノベーションははじまります。その一歩を進めるために必要なものが、タテ・ヨコ・ナナメのラポール形成です。

「言葉足らず」の上司に部下の心は離れる

この本は認知症ケアの本ではないのですが、「多様性を受け入れる時代」のラポール形成には介護と組織経営の間に共通することが多くあります。

一人ひとりの利用者には「ケアプラン（サービス計画書）」がつくられます。そこには、たとえば「やりがいや生きがいを持てるように支援する」と書いてあります。そこで介護者は、利用者の「できる」能力に焦点を当て、食器を洗ってもらったり、お膳を並べてもらうようにお願いし、作業を終わらせたら、「ありがとうございます」といいます。

これは介護者の「気働き《きばたら》」なのでしょうか。

しかし、食器を洗うこと自体が、利用者の生きがいではありません。利用者が食器を洗うことの意味を考える必要があります。

ある利用者の入居時の話の記録の中にはこういうものがありました。

「今までの人生の中で、夫の世話をし、子どもを育て、誰かのために生きることに安心感を覚えてきた。ここで、みんなと仲良くすることに幸せを感じる」。

つまり、洗い物をすることが生きがいなのではなく、みんなの役に立って仲良く暮らすことが生きがいなのです。ここで立ち止まって考えるべきポイントがあります。

介護者は、利用者に洗いものをしてもらって「ありがとうございます」といいますが、何に対しての感謝でしょうか。「私を手伝ってくれた」ことに感謝するという意味なら、洗い場の主体は介護者であり、

＊BPSD（Behavioral and Psychological Symptoms of Dementia）

認知症に特徴的な行動、心理。「周辺症状」ともいわれ、寂しさ、不安など何らかの原因によって引き起こされる。記憶障害、見当識障害といった脳の機能的障害である「中核症状」の対義語。かつては「問題行動」といわれることもあった。

利用者は単にお手伝いしたことになります。

むしろ、ここは洗い場の主体は利用者と介護者の両者でありたいところです。つまり、互いに「ありがとう」と言い合えるような状況がベストです。介護者は、「あなたと一緒に生活ができて幸せだ」というメッセージを、言葉と全身で常に伝えてほしいと思います。

ですから、この場合、介護者は、「ありがとうございます」というより、「私はお膳の片付けをしてきましょうか」「○○さんの具合がよくないみたいだから、ちょっと見てきますね。ここはお願いしても大丈夫ですか？」といえば、より相手への敬意、「承認」をあらわすことができ、一体感を伝えられると思います。また、そのような関わりにより認知症状を安定させ、改善することもあります。

利用者に、細かく状況を説明することで認知機能の安定をはかることを「リアリティ・オリエンテーション」といいます、これも介護テキストで説明されています。

ときとして、介護者が利用者（入居者）に「脳のリハビリ」のつもりで、「お皿を洗っておいてください」というと、「何でオレが皿を洗うんだ。おまえたち、給料もらっているんだろう」と言い返されることがあります。これは、利用者の「生きがい」の本当の意味を勘違いして説明をスキップするからです。

「○○さん、お皿を一緒に洗ってもらえると、ありがたいのですが、今はご都合いかがですか」といえば、「そんなら洗ってやるよ」というかもしれません。ここでお願いしているのは、「皿洗い」ではなく、「人助け」なのです。

毎日、同じ入居者をみて、同じ仕事を繰り返しているうちに、「説明のすっ飛ばし」をするようになります。これは、ふつうの仕事現場や家庭でも行われるスキップで、「言葉足らずの誤解」を生む原因になります。

「説明不足」をしている本人は気づかずに、相手を不快にします。

常に自分は説明をきちんとしているかを振り返ると、結構いろいろな場面で省略をしていることに気づきます。実際に、**社員にヒヤリングをすると、上司の何気ない言葉にショックを受けていることがあります。上司に尋ねると「そんなつもりはなかった」といいます。**こんな行き違いは日常的に起こっています。これがコミュニケーションのズレです。

従来型の「強いリーダーシップ」の時代にはそれでも、部下はしぶしぶついてきたのですが、現在では通じません。

情報不足が組織を混乱させる

こんな事例がありました。

介護事業所で、ユニットリーダーに配属されたばかりの女性が、なかなか部下に自分の意思を伝えられずに、落ち込んでいました。部下といっても多くが自分より年上の派遣スタッフなどで、彼らは若いリーダーを「経験が少ない」と下にみる傾向があります。

彼女は、入居者一人ひとりの自己決定を重んじるケアをしたいのですが、部下は、自分の経験から従来通りのやり方を実践しています。

なかには声が大きい人もいて、若い新リーダーはタジタジしてなかなか自己主張ができず、チーム全体が従来型の業務に流されるようになっていました。

とくに人が手薄になる夜間帯に、利用者の対応などで休憩時間がほとんどとれないといった不満が高まり、会社への不信もつのっていました。

リーダーから相談された筆者は、問題の認識を共有するために、チームミーティングにオブザーバーとして参加することにしました。そのとき、リーダーからの依頼は次のようなものでした。

「これから事業所をよくしていくために、課題をチームのメンバーに考えてもらうようにお願いしてあるので、みんなの話を聞いてアドバイスしてほしい」。

しかし、当日ミーティングが開始されると、リーダーは開口一番こういいます。

「今日は、本社の部長と井戸さんも来ていただいたので、日ごろ言っていること、思っていることを述べてください」。

筆者は、これから事業所を改善するための意見交換が行われると思っていたので、少し驚きました。おそらく、リーダーは、意見が強いスタッフにミーティング自体が引きずられると判断して、「ぶっちゃけミーティング」に変更したのでしょう。

すると、50歳代の男性がすぐ発言をはじめました。彼の主張は、夜間の2時間あるはずの休憩がほとんどとれないこと、業務が回るように人を採用してほしい、そのために時給を上げて人を増やしたらどうか、というものでした。

筆者は「夜勤中に仮眠ができない状態というのは大変でしたね」と受容した後、なぜ夜間の休憩がとれないのかを質問し、夜間記録を確認しました。

夜間の休憩がとれないのは、ユニット（9人）の中に、夜中に覚醒する入居者がいるためのようでした。

しかし、記録では記載が少なく確認が取れず、介護者と入居者の間でどのようなやり取りをしているのかを質問してみると、次のような受け答えをしているとのことでした。

午前2：00の会話　**「Aさん、もう寝ないで、起きるんですか」**。

「俺はもう寝ないよ」。

この声かけには課題があります。

夜昼の見当識障害のあるAさんに、「寝ない」ことを宣言させている可能性があります。そうではなく、ここでは、「私の足音で起こしちゃったみたいですね。ごめんなさい。まだ深夜の2時で、これから私も寝るのでゆっくり休んでくださいね。よければお手洗いに行ってから休みましょうか」などの声かけをする必要があります。Aさんに、時間の見当識を修正してもらい、これからするべき行動を納得してもらうのです。AさんはBPSD（周辺症状）によって混乱しているので収束する必要があるのです。

つまり、休憩時間がないという点は、夜勤中の対応に問題があることが考えられます。

また、会社側も、やむを得ずに利用者に対応したことで休憩が取れなかった場合には、そのことを記録したうえで、別の時間に休憩を取ることができると説明していなかったことがわかりました。

いかがでしょうか。一般企業の中でも無意識に話したことが、相手にとっては違ったように捉えられ、それがトラブルに発展することがあります。また、会社側のルールや仕組みについて、マニュアルなどに記載されていても、中途採用の社員には説明されておらず、トラブルの原因になっていることがあるのではないでしょうか。

先日、ある会社の中途採用者から、「就業時刻30分前に出社するように言われ、これっておかしくないでしょうか」という相談がありました。

会社に確認したところ、部署内の社員同士で自発的に清掃活動をすることが話し合われていたのですが、当該社員には決定事項だけが伝えられていました。これは労働基本法上の問題でもありますが、チーム内で互いに「思い」を共有するにも工夫が必要であることを示しています。

「答え」は、自分自身が持っている

50歳代の介護職員が指摘した、もう一つは、「人を増やすために時給を上げる」という提案でした。どの業界も、募集してもなかなか応募がないことはわかっているので、時給を上げて募集したらどうかというものです。これについても、本人の認識不足だけでなく、会社側の説明不足が露呈しました。

私は、「時給は会社で検討するとして、求人広告の費用がどのくらいかかるかご存じですか」と質問しました。参加者数名から「5万円くらい?」などの返答がありました。

「実際に一人採用するのに40万円以上かかる見当になります」とお伝えすると、「えーっ」と驚いている様子でした。さらに、「紹介会社に依頼することになれば、その際、紹介者1名につき、その年収の25〜30%が紹介会社に支払われます。自分たちが一生懸命仕事をしたなかの数十万円です。しかし、この支出を紹介会社ではなく、自分たちに還元できる制度が介護事業所にはあります」と、私が会社に代わって説明しました。

地域の知り合いなどに、自分たちが誇っている丁寧なケアについて、会社の理念を踏まえて説明し、興味を持ってくれる人がいれば「社内紹介制度（リファラル採用）」で6〜10万円の紹介料がその人に支払われる仕組みです。この内容をしっかりと説明し、質問しました。

「皆さんはどちらを選びますか」。

50歳代スタッフは、「それなら自分は団地の自治会長を知っているし、知り合いも多いので自分たちでも人集めをしたい」と言います。

会社の制度や仕組みがしっかり整っていても、スタッフにその情報が共有されていないことで、会社とスタッフの関係がギクシャクすることは結構あるのです。

さらに、会議は盛り上がり、面白くなりました。

筆者はスタッフに聞きました。

「これから会社としても採用活動を計画する必要がありますが、仮に皆さんが面接官として新しい仲間を選ぶとしたらどのような採用基準にしますか」。

スタッフから発言がほとばしりました。

「誠実な人」「清潔な人」「意欲のある人」「素直な人」「プロ意識のある人」「相手の尊厳を認められる人」「感情のコントロールができる人」「人と目を合わせて話ができる人」など。

ご想像の通り、これらはここにいるスタッフがいつもチームメイトに対して感じている不満です。**これまでは、会社に向けた漠然とした批判でしたが、実質は、チームの中のチグハグな人間関係と、会社にもっと現場に目を向けてほしいという不満であることがわかりました。会社だけではなく、チーム内の情報の非共有がその根幹にあります。**

筆者は、これらの発言をまとめて採用基準を定めることを提案しました。さらに、この採用基準が、現スタッフの働き方として生かされ、日常の「課題」とするために、頻繁にチーム会議で確認すること、また、そのために必要な会議であれば、公的に認められるように会社に説明することも提案しました。

カウンセラーの鉄則はリーダーの鉄則

何かを反省して終わる会議では実りがありません。反省点を改善するシステムづくりまでを決めます。おもにはチームミーティングと1対1面談がその核になります。リーダーそのものの資質は、これらによって次第に養われていきます。

筆者の仕事は、コーチング＊やティーチング、カウンセリングなどを駆使した人材育成です。さまざまな業種の人材が、才能はあるのに才能が開発される環境がないのは残念です。欧米の企業では部長クラスになると、コーチングをはじめカウンセリング（とくにアクティブ・リスニング＊）の研修を受ける企業が多いと聞きます。

カウンセリングの手法では、相手（クライアント）の悩みを聴きながら、「こうしてみたらどうか」というアドバイスをしません。「答えは相手の心の中にある」という鉄則があるからです。**カウンセラーは、「つまり、それはこういうことですか」「こういうふうにとらえているんですね」といった相手の心の中を整理しながら、相手が自分自身の中にある「答え」に気づくのを待ちます。**

ビジネス組織のマネジメントの問題点についても、社員一人ひとりに思考パターンや価値観があり、悩みや問題の「答え」はその人自身の中にあると考えるのが鉄則です。たとえ、まだその答えが十分に言葉として仕上がったものでないにせよ、です。

とくに上司は、なかなかそう考えられず（相手は経験も能力もないという思い込みで）、ついフライングして自分の「正しい」と思える答えをいってしまいます。しかし、部下は自分で出した答えではないので消化不良を起こします。そして同じ問題が起こり、上司からみると、「言ったのに聴いていない」という事態が発生します。

「社員募集」を見たら会社の状態がわかる

最近は、募集しても人が集まらないといった相談が多くなりました。確かに労働人口の減少が与える企業への危機感はリアルさを増しています。しかし、実際には「採用に困らない会社」と「採用に困っている会社」の二極化があるのが現状です。

「採用に困っていない会社」に見られる共通点は、次の6点にまとめられます。

＊コーチング
他者（上司、コーチ）がゴールを明確にし、最速最短での実現を支援すること。

＊アクティブ・リスニング
積極的傾聴。①相手の話を主体的・積極的に聴き、②その事実と感情を把握し、本質を明確にすることで、③当事者自身が問題を解決する方法を探る。

①　全社員の理念への共感
②　生活の安心を感じられる
③　リーダーの自己裁量がある程度認められる
④　ワーク・ライフ・バランスが良好に得られる
⑤　人間関係のよさ
⑥　上記の①～⑤を基本に、他社にはないイノベーションの実践が社内外で認められている

どの会社もこれまでの労務管理を見直し、さまざまな社内制度を打ち出しています。

最も重要なポイントは、多様な価値観をもつ人材が、互いに認めあいながら、組織としてやるべきことを遂行するということです。

それが、これからの時代を生き残るために、企業の知恵の出しどころです。

まずトップから、古い「リーダー像」を変える必要があります。多くの敏感なリーダーはそれを感じ取っています。

いっぽうで、「自分を変えられない。どう変えていいのかわからない」「社員に対して、伝えたいことがあるが、どう伝えていいかわからない」などの相談が増加しています。

かつてなら、スタッフに対して「それは会社で決まったことです」といえばよかったでしょうし、組織のトップたるもの、そういうものでなければならないという認識でした。

ところがそれでは、社員がついてこない。ぼやぼやしていると辞めてしまう。そもそも社員を募集しても振り向いてももらえない時代です。

旧リーダー像の皮を脱ぐ

歴史もあり、筆者が尊敬する管理者がいる介護事業所で、人が集まらないという相談があり、ハローワークに提出する求人票を見せてもらいました。

「介護職員募集！」と大書し、施設運営の抱負を切々と訴えるというスタイルでしたが、せっかくの実践もブランディング（地域への信頼性の共有）ができていないことが課題でした。

このスタイルで人が集まらないのだから、同じことを繰り返しても解決しません。

役員会で、筆者は、「介護の魅力って何でしょうか」と質問してみました。案外、身近すぎる言葉というのは、ふだん考えないで使っているものです。

ある役員が、しばらく考えてから、すばらしい発言をしました。

「私は介護がやりたくてこの世界に入ったわけではありません。年をとって自宅で介護を受けられない人が、ここで、われわれと出会い、最後のときを楽しく生活ができたとか、有意義だったといってもらえることがわれわれの喜びだと思っています」。

ちょっと優等生的な答えかもしれませんが、掛け値のない本音でもあります。

つまり、介護は、「人生」の最終章を「よい人生だった」とか、「よい出会いに恵まれた」という実感を持てるように支え、人を幸せにする仕事だというのです。では、求人募集するとき、地域の不特定多数の人にどうやってその気持ちを伝えたらいいのでしょうか。「介護職員募集」では、今日のご時世では３Ｋのイメージやネガティブキャンペーンの影響で「大変そうだ」と引いてしまう人も少なくないと思います。

A案　　ネーミング募集！

介護って、とても素敵な仕事だと思うんです。
でも、私たちは「介護」がしたくてこの仕事をしているわけではなくて、ご利用者の「笑顔」が見たくて、ご利用者に「安心」してもらいたくて、この仕事をしているんですよね。
そこで、より良い職場づくりを目指している「福祉の○○(施設名)」らしい、「介護職員」に代わるネーミングを考えてもらえませんか？

お一人　３つ以上
今月中に！

ご協力お願いします。

求人票の募集欄は「介護職員」ではなく、この役員の発言に共感する「仲間」を集める方法にしてみるのはどうかと提案しました。たとえば、「マック」などの飲食店では、店舗スタッフを「クルー」と呼びます。ディズニーランドなら「キャスト」です。「従業員募集」とはいいません。「クルー」は海の仲間を連想させるし、「キャスト」は舞台上の俳優をイメージさせます。

では、介護をする人、人を喜ばせる仕事の仲間は何と呼べばいいのか。いっそ名前を社員から募集したらどうか、と提案しました。

自分の仕事の内容を考えて、それを一言で表現するとどうなるか。自分の仕事をキャッチコピーのような言葉で表せないか。

役員会は大ノリになり、後日、次のような文面をつくりました(A案)。以前ならまったく問題がなく、ごく丁寧な文面で好感を持つことができる文章だったと思います。でも、筆者はそこにかつてのパターナリスティック（父親的、父権主義的）な臭いを感じ取り、文面を少し手直ししてはどうか（B案）と提案しました。

筆者案は役員会で承認され、社員に配布されました。社員の反応は上々だったようです。

B案　　ネーミング募集！

○月○日のリーダー会議におきまして「いっしょに働く職員を増やしたい」との切実な意見交換がありました。

その後、開かれた役員会議におきまして、「介護職員募集」という言葉についても議論しました。その中で、私たちの取り組みは、「介護がしたい」ということではなく、ご利用者の「笑顔」が見たい、ご利用者に「安心」してもらいたい、そして人生の最後に出会えた人や環境により、「いい人生だった」と感じられるような仕事をしたい、と振り返ることができました。

株式会社○○の職員一人ひとりは、その気持ちがあるから、この仕事をしているのだと思います。

「福祉の○○」というネーミングも、そのような思いから変更しました。

そこで、皆さんの呼称も「介護職員」に代わるネーミングを考えていただきたいという話になりました。ディズニーランドなら「キャスト」とか、マクドナルドは「クルー」と呼ぶのもに意味があるのです。

本日から、皆さん自身の仕事を表すネーミングを募集します。

お一人３つ以上考え、記入用紙に記載し、リーダーに提出をお願いいたします。

回収期限は 30 日となります。

ご協力をお願いします！

リーダー像が変化しつつあるといっても、古いリーダー像を払拭するのは難しいことです。「旧リーダー像」をイメージするためにA案、B案とも掲載します。

新リーダーはよく説明する

いかがでしょうか。

A案には決して問題があるわけではありません。それどころかとても簡潔で丁寧で、心がこめられた「お願い文」になっています。

でも、新しいリーダー像から考えて、筆者には2点ひっかかるものがありました。

一つは、ネーミングを募集する背景説明がまったく抜け落ちているのです。とうとつにネーミング募集からはじまっています。

役員会で一定の話し合いが行われたので、役員はこの文面を見ただけで、すべてが十分に了解できるのですが、役員会に出ていない社員は、この文面を見ただけでは何のことか理解できません。わかりやすいようで、とてもわかりにくいのです。

このままでは、たぶんこの用紙をもらったスタッフは、戸惑いながら、「やれやれ、今月中らしいから、事情はよくわからないけれど、命令だから名前を考えよう」という程度に受け止める可能性があります。

B案では、スタッフ募集がどのような経緯で発想され、それに対して会社はどのような思いを持っているのか、役員会でどのように話し合われたのかを詳しく説明しました。その上で、協力のお願いをしています。単なる会社命令ではなく、背景の状況をスタッフと共有することで、「それは確かにその通りで自分たちに関係あることだ」と納得してもらえればやる気を喚起することができます。

ビジネスでも、人は、事情がわからないまま、指示だけを空から落ちてきたものとして受けとめているうちに、自ら考えることを停止し、その理由も考えずに従います。

しかし、なぜその指示が下ってきたのかを考え、納得することができれば最大限に効率よく行う方法を講じます。上からの指示だから実践するのではなく、その指示に同意するから実践するようになります。仕事をするうえで、この違いは大きいと思いませんか。

詳しい状況の情報が共有されていれば、その指示の正しさが理解しやすくなり、「わがこと」として受け止めます。でも、詳しい事情がわからなければ、指示は「他人ごと」（お上の命令）になり、やる気も失せてしまいます。

社員にはエガオニストであってほしい

筆者がA案でひっかかったもう一点は、状況説明がないまま、「お一人3つ以上今月中に」が太文字で大きく強調されていた点です。

状況がよくわからないまま、「3つ以上を今月中に！」となっていて、かなり強いご依頼調の「命令」であることだけは納得させられます。ここは「命令」ではなく、「いっしょに考えよう」というスタンスがにじみ出るようにしたいところです。命令ではなく、参加の呼びかけであることを強調します。

平素の仕事を一言で言い表すとどんな言葉が適切か、とキャッチコピーをつくるようなゲーム感覚を味わいながら、同時に、「自分の仕事って何だろう」という振り返りをしてもらうことがネーミング募集の目的です。そのワクワク感をもってもらうためには、ノルマや期限ばかりを目立たせる理由はありません。

役員会の認識と、スタッフの認識がちょっとずつすれ違っていく場面の一つです。

会社は、社員に「きちんと状況報告しろ」と常々いっているのに、いざ自分で行うと、知らず知らず最低限のことしか伝えないというのは、そもそももったいないことです。もしかしたら、50歳代以上の人は、「状況は自らが確認すべきである」という仕事感をもっているのかもしれません。しかし、今は、「しっかり説明されない」のは管理上の問題と考える時代です。昔は、電車が遅延しても、何のアナウンスもありませんでしたが、今は、事細かく説明します。それが時代の流れになっています。

ちなみに、募集の結果、図表1-2のような案が、職員の中から文字通り「噴出」しました。「なるほど」と思うものから、ジョークめいたものを含めて、結構楽しい振り返りの時間になったのではないでしょう

図表 1-2　介護者のネーミング案

付き添い人　寄り添い人　ケアスタッフ　共歩人（者）　リーフ　ケアパートナー　ハートマザー　ケアメイト　ケアメンバー　smile メンバーズ　スマイルサポーター　スマイルスタッフ　支援パートナー　ニンケア　笑顔を届ける人　ヘルプケア　パートナー　サポーター　フレンド　ハピネーター　リヴサポーター　ラポーター　ライフサポーター　リヴメイト　リヴパートナー　ライフスタッフ　Eye 愛スタッフ（アイあいスタッフ）　ライフパートナー　ライフコンシェルジェ（生活のサポート）　テイクケアスタッフ　ヘルスタ　リリーフパートナー（ほっとする安心仲間相手）　ケアニン　ケアコンダクター　エガオニスト　カイスタ　オレンジスタ　コグニーズ　コスモススタッフ　ケアマスター　ケアマイスター　コンダクター　エスコート

か。「エガオニスト」なんて、正式名称としての採用はできないけれど、ニックネームとして採用したいくらいです。

第二章

コミュニケーション力を養う

～指摘より質問を

「言った・言わない」論争の起源

誰でも人から間違いの指摘、やりそこないの注意を受けるのは楽しいことではありません。

ところが、同じ指摘・注意でも、別の人から言われたり、あるいはほんの少し違う言い方をされれば、自然に受け入れて、同じ間違いを二度とおかさなくなることがあります。

この違いは何だと思いますか。

上司などから、「○○さんはさぁ」と、小言を予感させる言葉かけを聞いた瞬間、人は耳を半分ふさいでしまいます。そして、**予感通りの小言がはじまると、耳の中に警戒信号が鳴り響き、心が冷え、「上司だって、こんなところが悪いくせに」と心の中で反発し、このときが早く過ぎ去ってくれればいい、と思います。**耳だけではなく、心も閉じて、きちんと相手の言葉を聞くことができません。

注意するほうにしてみても、いやなことを相手に伝えるわけですから、お互いにストレスです。ただでさえストレスの多い職場で、ストレスは増幅され、疲れは二倍三倍になります。

「やめようかな」という気持ちがムクリと起きて、それが、毎日、心の底に疲れとともにへどろのようにたまっていきます。

このように、かみ合わないのは言葉ではなくて、心の歯車ではないでしょうか。

心の歯車がかみ合わなければ、目標の達成や感動も得られません。

このかみ合わせの悪さは、あとで、「言った・言わない」の水掛け論になります。互いの心のズレは、感情的なものになり、互いの人格まで否定しあってしまいます。

言い分はどちらにもある

人は、「自分が正しく、相手は絶対に間違っている」と思いこむ動物です。しかし、相手の価値観がどこから来ているのかを考えないと、話し合いにはなりません。

相手が明らかに間違っていると思っても、感情的に指摘したら効果はありません。

「相手に変わってもらいたい」と思うなら、相手を変えるのではなく、相手の言葉をまるごと受容することで、自分が変わります。

どうやって？

まずは自分の感情に焦点をあて、「相手の何に期待したのか」を捉えることが大切です。そして、相手が主張している背景を考えます。どのような体験や経験から、その主張になったのかなぁ、で構いません。次に相手側から自分を見て、相手の価値観に思いを巡らします。この手順でちょっとした練習を積み重ねれば確実な成果を上げられます。

練習してコツをつかんだら、そのコツを人に伝えるためのコツも必要です。きちんと人に伝えられるように整理することで心の中に定着します。

そうすれば、周囲の人と一緒に育ち、チームが強くなります。

あなたがリーダーであることを前提にして、方法だけをざっと述べます。詳しい説明は次章以下でしますが、図表2-1のような手順で、相手ときちんと向き合って対話することです。これは相手との協働作業です。そして、相手が自分自身で、「考え方や捉え方が変わった」と気づいたら、それを言葉にしてもらうことが大切です。それ

図表 2-1 「相手に変わってもらいたい」と思ったときの対話のコツ

コツその①	相手を変えるのではなく、自分がまず変わろうと思うこと	→相手のいうことを傾聴することから出発する
コツその②	相手とのラポール（信頼関係）の形成を確認する	→自分の言葉に、相手が興味・関心をもつかどうかを確認する
コツその③	自分が変わることができたきっかけや方法を伝える	→自分の体験談をヒントにして、相手に考えてもらう
コツその④	相手が変わりたいと望むなら、どのように変わりたいと思うのかを質問する	→相手の言葉で将来的なビジョンを語ってもらう
コツその⑤	変わるための具体的な取り組み方法を聴く	→具体的な作戦がない場合は、相手が具体的なイメージを引き出せるように手助けする
コツその⑥	その取り組みを一緒に振り返り、話の過程でどう気持ちが変わったかを語ってもらう	→自分の変化に気づいてもらう

をあなたが得意顔に指摘してはいけません。

あなたがやることは「共感」と「見守り」です。

コミュニケーションをよくするために、人をほめるのはいい方法です。

でも、他人の問題点を指摘したり、警告するために、付け焼き刃で人をほめても逆効果です。ただほめるだけでは人は育ちません。人をほめるにもふだんの練習が必要です。練習というより、相手の良い部分を見るように、心の持ち方をだんだん変えていく必要があります。

他者のよい面を探すように人を観察して、よい面が発見できたら、その理由とともに相手に伝えます。それだけで人間関係が変わり、ラポール（信頼）が形成されやすくなるのです。

日本人は、相手の短所を見つけて批判しがちです。それを他者と分け合うことで「自分はしっかりしている」と安心する傾向があります。これは、自分に自信がないことの裏返しともいえます。

信頼している人の言葉は、手厳しくしても、しっかり受け止めようとしますが、あまり信頼関係のない人の言葉は軽く聞き流します。耳に心地よくない言葉はなおさらです。

では、相手の耳に快くはないけれど、重要なことを指摘・注意するときは、どのように伝えていけばいいでしょうか。

立場が違えば、ものの見方が異なります。どちらにも必ず「正しい」言い分があります。**コミュニケーションの出発点は、ともに相手の言い分・価値観を理解することです。相手に明らかなミスがある場合でも、もしかしたら、会社の組織的な問題かもしれません。あるいは、伝達の仕方の問題かもしれません。**

経営的にはプロセスよりも結果で評価するほうがわかりやすいのですが、コミュニケーション力を育てるにはプロセス（チームの環境づくり）を重視します。

コミュニケーションが円滑であれば人は育ちますし、人が育てばコミュニケーションはますます円滑になります。人は簡単には変わらないけれど、組織内コミュニケーションは意識すれば変わる、というのが筆者の実感です。

そしてコミュニケーションが変われば人も変わるのです。

上司の言葉は石のように堅く重い

コミュニケーションには、話し手（送信者）と聞き手（受信者）がいます。

両者の社会的・人間的な関係によって、同じ情報がまったく異なる伝わり方をします。

「伝え方」はとても重要です。

たとえば、経営者は、「社員が何でもいえる主体的で参加型の会社にしたい」と思っているのに、社内アンケートで社員の心理状態を観察すると、「いつも上から決められたことが落ちてくる」という認識だったりします。経営者の方針が社員に伝わるころには、ワクワク感が持てない退屈な「業務」になっているのです。

経営者は、社員につきたての餅を投げたつもりなのに、相手に届くころには、堅く冷たい石のような餅になり果てています。柔らかさが違うのです。上司はもっとフレキシブルに受け取ってほしいと思っても、部下は背景にある知識がないので、上司の言葉を冷凍してそのまま受け取ります。ミドルマネジャーに「受け止め方」「伝え方」を十分にトレーニングしないと、その部下に対しても言葉が硬直化するだけではなく、そこにプレッシャーが加わり、さらに堅くなります。


組織の上下で、同じ言葉が、投げる側と受け止める側で変わるのです。


ある組織で、有能な部長がとつぜん「辞めたい」と言い出しました。社長はその部長とはうまくやってきたつもりだからびっくりです。その部長も少し前まで社長を支えていきたいという気持ちがありました。

では、なんで急にそのような状況になったのでしょう。

やはり2人の間に少しずつ見えない隔たりができていました。

筆者が部長から話を聞くと、「社長は、とても自分に気をつかっているのがわかる」と言います。でも、「自分に任されている仕事の提案を持って行くと、ことごとく否定されて、カチンと来ます」とも。

社長にしてみれば、全否定しているわけではないと言います。

相手の成長を願って「こういう反論もありえる」「もっとこうしたほうがいい」という意見を述べているというのです。でも言葉が足りない。社長は「これでわかるだろう」と思っているのですが、受け取る側はわからない。もし、受け取る側にしっかり受け取ってもらいたいと思ったら、「この意見を私が言うのはなぜかを一度考えてみて」と伝えたうえで、後日、対話を重ねることが大切です。

肝心な言葉が抜け落ちているのです。先述の「言葉足らず」は説明不足でしたが、今回はそれに加えて、「承認不足」です。**「承認」とは、相手への敬意や、労へのねぎらいであり、相手の言葉をきちんと受けとめた、というサインです。**

相手のドキドキした緊張を解いて、こちらの言葉を受け入れる余裕を持ってもらうことで、相手の心の鉄の扉を開きます。

まずは「おいしいよ」

上司は、部下の意見や提案を十分に聞いたら、一回は「なるほど」「（この部分は）いいですね」「（この部分は）よく考えてあるなあ」と事実に着目して、相手の仕事姿勢や気持ちを受け入れる必要があります。少なくとも労をねぎらいます。

上司側に心の余裕がなく、期待通りの書類でないと、態度や雰囲気で「気に入らない」というサインを全身で出してしまいます。

そういった緊張感が、これまでの企業では当たり前だったし、ある程度の緊張も必要なことではないかと言う人もいます。そのような人に、「仮に自分が新人に戻ったとしたら、この会社でもう一度頑張れますか」と聞くと、「もう、懲り懲りかな」と言う割合が圧倒的に多いのです。

たとえば、重い病気の患者は、検査値を読んでいる医師の表情をじっと見守りながら、検査結果を「間接的」に読んでいます。医師の厳しい表情をみながら、「ああ、オレの病気は重いに違いない」と考えたら、たとえ医師が検査値から顔を上げて、「心配するほどのことはありませんよ」といっても安心できません。実はもっと重い病気なのではないか・・・と考えてしまうかもしれません。

まず「受け入れる」姿勢を見せるには、提案書を読みながら、ため息をついたり提案書を乱暴に扱うのはNGです。

部下の提案に問題があると思っても、「この部分はよくできているね」などと、相手のよい考えや表現、取り組みを認めた上で、問題点を指摘します。

このとき、問題点の指摘は質問というかたちで行います。「いくつか質問してもいい？ こういう場合はどうなんだろう」と、修正箇所に気づけるように質問をします。「すごくよくできているので、ここを直せばもっとよくなるんじゃないか」という言い方もできます。

言葉のうえの基礎的な指摘をしたいときは、承認のあと、「この日本語の表現だけど、ビジネス表現に変えてみると、相手の部長さんがわかりやすいと思うけど、どう思う？」といった手直しをします。

とくに意欲のある最初の時期に時間をかけた人ほど、OJT（On the Job Training）の修得度は高くなり、2年後、3年後には後輩へのアドバイスができる人材に成長します。大変なのは最初です。

要は、自分の意見の押しつけではなく、部下が自ら問題点に気づくように仕向けることです。「上司の意見だから仕方ない、その通りにしよう」では、いつまでも上手な提案書は書けません。

リーダーは、部下と同じ立ち位置で、自分の意見をいっているつもりでも、いきなり反論してしまっては、「受容」も「共感」も相手には伝わらず、コミュニケーションは「失敗」に終わります。社長の言葉は、自分でそう意図しているつもりがなくても、上から落ちてくる石なのです。

ある社長は「何のために会社をつくったのか・・・。部下に気をつかうためなのか」と悩みを打ち明けてくれましたが、新しい時代には、新しい時代を創っていく覚悟が必要です。それには、自分の意識から変えるほうが早いのです。

私たちは、「互いにわかり合っている」と思えば思うほど、相手の言葉を頭から否定してしまいがちです。これは誰でも陥りやすいコミュニケーションのワナです。家族でも同じで、妻の手料理を、「おいしい」という前に批判している夫になっていないでしょうか。そのような言葉や態度が無意識にラポールにひびをいれ、相手の自信をそいでしまいます。

「否定」ではなく「質問」を

弟子が師匠に仕事のやり方を教えてもらっているなら、厳しく否定されても、自分のためだと思ってふんばって受け止められもします。しかし、任されている仕事については責任もプライドもあります。

それなのに、「この程度ではダメ」といきなりいわれると、重い石を投げられ、プライドをつぶされた思いになります。

間違いや修正点を指摘するには、まず相手の気持ちを受け入れ、承認を前提条件とします。その上で、質問の技法で、問題点をピンポイントで指摘します。あいまいに全体を否定するような表現は、相手の数時間に及ぶ作業をムダというのと同じです。そもそも失礼です。

「ありがとう、頑張った感じがよくわかります」など、相手の取り組みに承認を与えた上で、「〇〇さん、3点ほど再度見直しをして欲しいのですが」とか「全体的にさらに磨いてほしいのですが」などの要望を明確に伝えます。それから、

「この点については誰に伝えるかで変わってくると思うけど、どう考えますか」。

「この部分のまとめは、どのような角度や視点から考察しましたか」。

「この点については、追及する人がいるかも知れないけど、どう説明できるかな」。

ピンポイントの質問のかたちにすれば、相手は、「修正」をアドバイスとして受け入れます。問題点の指摘を質問のかたちにするのは、相手が質問に答えながら、自分自身で、「あっ、そうか」と気づきやすくするためです。一方的に与えた「答え」は記憶に定着しません。

「たしかに、こういう場合はこうですね」と気づき、「ちょっと直してみます」というかもしれません。

「それでも、私は、こう考えていますから、これでやりたい」と主張するかもしれません。

この場合、上司の判断は2つあります。もう少し質問のかたちで問題点の指摘を続けるか、たとえ失敗が予想されても、大きなリスクが起きないかぎり、「私としては心配ではあるけれど、あなたに自信があるのであればやってみよう」とゴーサインを出します。人が育てあうには「失敗体験」をさせる勇気も必

要です。

相手に仕事を任せるということは、相手をどれだけ尊重しているかを示すことです。そのリスペクトを相手に表さなければ任せたことになりません。

部下の提案を、たとえ部分否定にせよ、いちいち思いとどまらせて、自分の意見を実行させようとするのは、自分の価値観を押しつけるのと変わりません。「小姑（こじゅうと）根性」といわれても仕方ないし、何より信頼関係を損ねたり、新しい発展も難しくなります。イノベーションのきっかけを失うかもしれません。

「指摘」より「気づき」

人柄的には穏やかで知識もある上司なのに「伝え方」が惜しい、ということもよくあります。日本では、仕事の質を問うあまりに、伝える方法にはあまりこだわらない傾向があります。クライアント企業への「プレゼン」には神経質になりますが、ふだんの「伝え方」なんて仕事のうちと意識できないことがあります。とくに上下関係の伝達方法には問題が多くあります。情報伝達は、「上から下」、「下から上」とも工夫の余地があります。

第一章の求人票の事例のように、「みんなでやろう」と考えながら、いざそれを伝えるときは、（そのつもりではないのに）必要最低限になることがほとんどです。上から投げた餅が、途中から石に変わるのです。部下に、「こうすればいい」というアドバイスをするとき、一方的に自分の知識を説明しようとしても、それをはじめて聞く部下にはなかなか理解できません。それは、背景になる知識が異なるからです。優秀な仕事人でも、子どもからコンピュータゲームのやり方をひととおり聞いただけで、すぐ実行できないのと同じです。

コンピュータゲームのやり方を教えるには、一つひとつ自ら操作させながら方法を会得してもらいます。同様に、相手に仕事の指示やアドバイスをするには、相手の知識と理解力をフル稼働させます。それには質問して相手に答えてもらう方法が効率的です。

多数に情報を伝達するときは、具体的な状況を説明して、相手の想像力に働きかけます。**「この情報は自分にとって直接関係していて、とても重要なことだ」と、相手の気持ちを巻き込むようにします。**

スタッフが情報を「わがこと」として捉えることで、情報は生きてきます。豪雨の避難指示と同じで、まだ外は天気なのに、「すぐ避難しろ」といわれても実感がわきません。でも2時間後の降雨量を過去の映像とともに伝えると、「わがこと」になりやすくなります。

「わがこと」になっていない生の情報だけを伝えても聞き落とすことがあります。

人間も動物も、耳で聞いているのではなく、脳で聞いているのです。目も同じで、目で見ているわけではなく、脳で見ているのです。ごく身近の雑音や、目の前の壁の小さなシミなど、興味のないことは聞こえもしないし、見えもしません。脳が、それらの情報を整理してはじめて、意味のある音になり、映像になります。

ですから、上司の豊富な知識を部下に伝えるときは、部下の耳や目にではなく、脳と腹にドスンと落とす必要があります。それには、想像力に訴え部下が「わがこと」として実感することで「気づき」に変えられるようにすることが大切です。

相手の思考プロセスを活用する

ある会社の部長は、頭を抱えてこう言います。

「期待している中堅社員のB君が、何を言っても自分からは動こうとしない」。

部長は、Bさんのスキル（能力）を高く評価しているのですが、期待しているのは「リーダーシップ」でした。

私がBさんをヒヤリングすると、彼はこう言います。

「与えられている仕事は、しっかりやっているつもりなのですが、上司が満足することはないようで、何を求められているかわかりません」。

私も、実際に業務の中で彼の置かれているポジションの重要性などを一通り質問のかたちで確認しようとしました。ところが、「いまいち（なぜそれを自分がやるべきなのかが）よくわからない」と言われてしまいました。

そこで、話の幅を広げ、「趣味はありますか?」「何に興味があるのですか?」といった質問をしてみると、彼は漫画が好き、と話しはじめました。それはもう立派な『ワンピース』ファンで、私はしばらく聞き役に徹しました。

面談は終了し、「次回またお話ししましょう」と別れました。部長には「Bさんは、自分だけが重い仕事を求められるといった誤った認識があること、周囲やチームへの貢献意欲が少ないことが課題なので、次の面談を設定して欲しい」と伝えました。

たまたま面談時期が年末だったこともあり、私はBさんを知るために正月休みを利用して、古本屋で第1巻から48巻！まで（その続きは現在も出ている）、初の「大人買い《おとながい》」をしました。

『ワンピース』は、冒険や友情といった典型的な少年漫画ですが、戦争、権力、宗教などを考えさせる大作で、販売総数は世界中で数億冊になるそうです。

主人公たちは「海賊」という設定で、船長、航海士、コックなどの役割を持つ仲間を集め、夢を持ち続けて諦めずに挑戦していることなど、筆者にとっても、リーダー（まとめる人）とフォロワー（まとめられる人）の話をするにはちょうどよい内容が満載でした。

正月明けにBさんに会ったとき、部長の伝えたかった内容を『ワンピース』のストーリーになぞらえて話しました。

「あなたは、この部署を『海賊船』だとすると、どのキャラクターを演じたいと思いますか」。

「僕だったらサンジ（登場人物の一人）かな」。

私と彼との理解が共鳴しはじめ、施設の現状で自分がどの役回りを期待されているのかをピタリと合点してもらえたのです。

驚くべきことに、私の予想以上に、それからはかなり積極的にチーム内での発言や行動を起こすようになり、1年後には主任に抜擢《ばってき》されるほどの活躍を見せてくれました。部長の期待はあたっていたのです。

人材が育とうとする環境では、一人ひとりの思考プロセスにあった方法で、「あっ、それはそうだな」

図表 2-2　「できないこと」に気づくことが大切

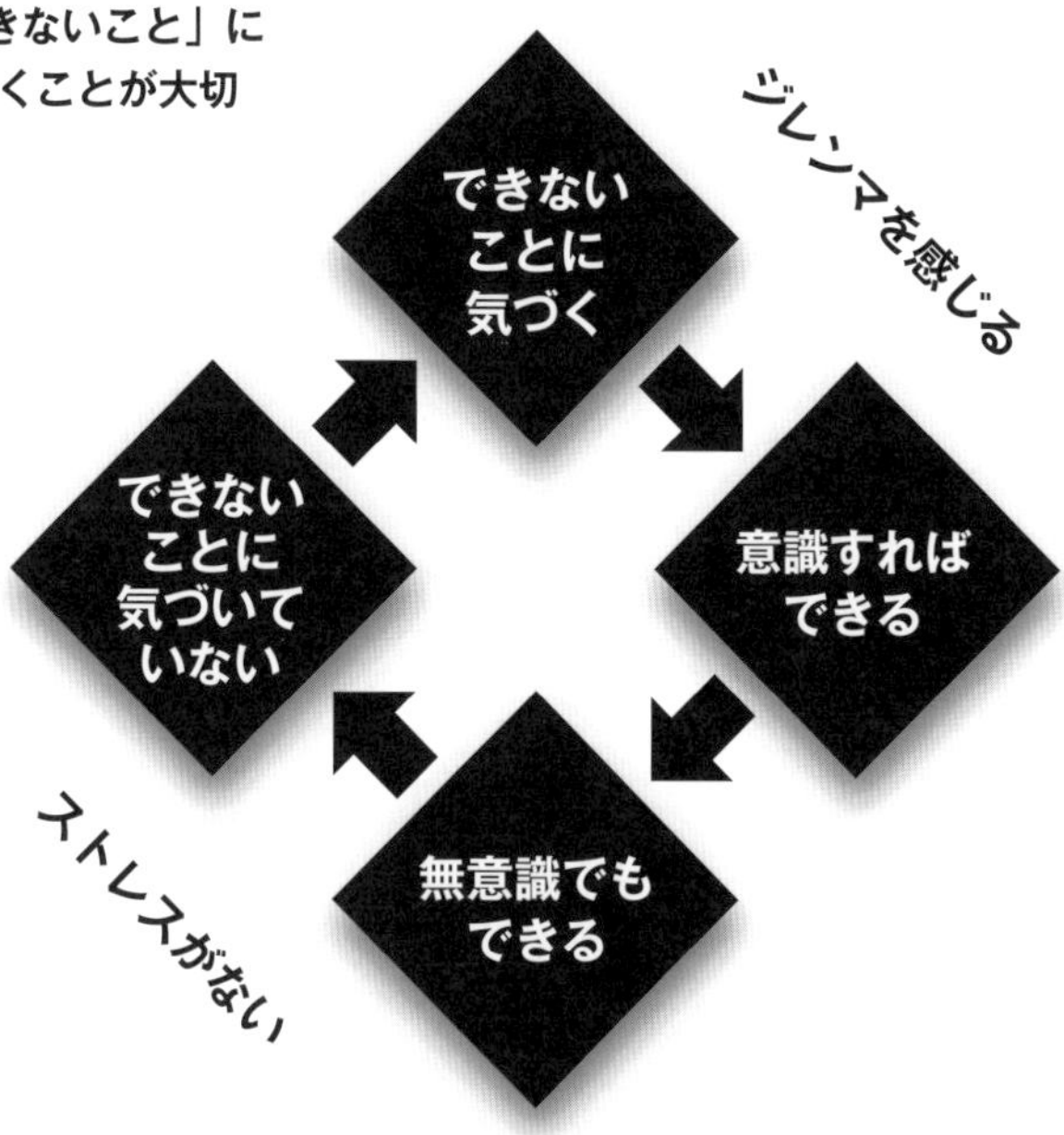

と気づいてもらうことが早道です。

「気づき」のレベルは人それぞれです。質問しながら、相手に気づいてもらうといっても、相手がすぐに思い通りの気づきにたどり着くとは限りません。時間がかかることがあります。その場合、質問のレベルを下げるなどの調整をします。

ときには「気づき」に数か月、一年以上かかることがあります。今日は理解できなくても、一年後に、「あれ、そうなんだ」と理解できることが往々にあります。「気づき」にはタイミングがあります。それまでは、仕事を通じて「経験」を高める時期なのかも知れません。

気づきのレベルが上がるということは、自分の価値観がそれだけ広がることを意味します。それは心が豊かになることだと思います。人間関係は、誰にとっても学びの機会であり、それは死ぬまで続きます。いつくるかわからないタイミングを大切にしたいものです。

「そんなの待っていられない」と思ったら、何も変わりません。人も育ちません。急がせないようにして、気づきを早める方法は後述します。

リーダー自身も、部下の気づきのレベルを上げながら部下に伴走し、自分自身の気づきの領域を広げていきます。人を育てることも自分を育てることも、ただ「お湯をそそぐだけ」というわけにはいきません。

「できないこと」に気づくには、本人の意欲と、動機付けするリーダーとのラポールがかぎになります。

図2-2のように「できないことに気づく」には、ストレスがかかりますので、自分の課題を前向きに受け入れるための準備が必要です。できていないことを自覚すると、人はジレンマ（葛藤）が生じます。これを側面でサポートするのが1対1の対話や面談です。

コミュニケーションは1対1が基本

先日、ある男性化粧品を売る現場研修に立ち会いました。上司は部下に、こう指導していました。

「顧客が何を困っているかを想像して、そこに訴えかけなさい」。

これだけでは現場の若いセールスマンには腑に落ちません。

そこで、私は、営業担当者たちに、

「あなたたちは、ふだん体臭を感じることはありますか」と聞き直しました。売る立ち場を離れて、自分の生活経験を思い起こしてもらうためです。

すると、少しして一人の若い男性がこう発言しました。

「僕は、毎朝、駅まで自転車をこいでから、満員電車に乗るので、汗が臭わないか気になります」。

「それなら、あなたならどの商品を勧めてもらうとうれしいですか」と筆者。

「制汗剤入りのこの男性化粧品が便利じゃないでしょうか。実際に使ってます」と男性。

これでセールストークにつながります。セールスは、モノやサービスだけではなく、知識を伝えることで成り立ちます。それも、単なる知識の伝達ではなく、経験を分かち合い、「わがこと」として実感してもらうことが大切です。

実際の自分の経験でなくても、想像力にうったえて「それってありそうだ」と思ってもらいます。「わがこと」にしてもらうには、こちらも想像力を働かせます。こちらの情報を出しながら、相手が考えていることを理解しようとします。

スポーツは何かしていましたか、食べものは何が好きですか、ご出身はどちらですか、どんなテレビをみますか、映画は?本は?

相手のペースに合わせながら、さまざまな話題を提供し、相手との共通点を探り「価値観合わせ」をします。どこかでつながったら、そこから展開します。だから得意分野の引き出しをたくさん持っているほうがコミュニケーションには有利です。

こちらから出す情報と質問は、相手との共通性を見つける釣り糸のようなものです。**つり上げる魚は「お客様」ではなく、「ラポール」という絆です。**

コミュニケーションは、一人で数人を相手にするときでも、1対1を基本にします。一人ひとりの目を見ながら一人ひとりに話しかけていきます。

最近、日本でも、大きな企業を中心に、上司・部下による「1対1（ワン・オン・ワン）面談」が広がりつつあります。上司と部下が、1対1で週1回30分程度の対話を通じて、ラポールを形成しながら、コミュニケーションの円滑化や相互理解をはかることが目的です。

この面談の中で共有される情報が、組織にとって有益な内容になることが多くあります。1対1面談は、イノベーションを可能にする方法として、米国シリコンバレーに拠点を置くＩＴ系企業などが火付け役でした。

相手の幸福が仕事の目的

しかし、1対1面談の時間をとっても、コミュニケーションがうまくいかなければかえってマイナスに終わることがあります。

面談方法については第三章以下で説明しますが、「パワハラ」や「セクハラ」は、自分ではそのつもりではないのに、相手の受け取り方次第でそうなります。

最近では、「モラル（倫理的）ハラスメント（モラハラ）」という言葉もよく聞かれます。医者が患者に対して犯しがちな「ドクハラ」という言葉もあります。

「強者」が、自分より「弱者」に対して、「強弱」の認識をしないで言葉を発するときはとくに気をつけなければいけません。

1対1の対話は、サービス業では日常業務です。とくに介護では、常に1対1で対話し、相手の身体に接触しますから、より濃厚な1対1関係になります。

介護者の仕事は、一人ひとりの利用者（クライアント）に敬意を払い、相手と同じ目線になります。常に言葉をかけ、相手の生活意欲を引き出し、生きがいを感じてもらい、QOL（生活の質、幸福）を高めることが介護の仕事です。

これらは、そのままコミュニケーション円滑化の法則になります。まさに筆者は「介護」を通じてコミュニケーション法を習得させてもらったといえます。そして、この方法は、ビジネスの世界で業績を上げているトップセールスマンの話ともピッタリ一致します。

お客様に対しても、組織づくりでも、互いに幸福にならなければよい仕事はできません。その実現には常に「ラポール」があるということです。

こうなると、むしろ福祉の世界とビジネスの世界の目的の違いを探すほうが大変なくらいです。

相手には敬意を払い、目を見て話す

大企業の部長クラス（の年齢層）の老親は、いわば「認知症適齢期」です。高齢者の4人に1人は認知症というデータもあります。

病院の待合室では、部長クラスとみられる年齢層の人が、何か忘れ物をしたらしい老親を叱りつけている風景をよくみます。子どもは親に対する期待値が高く、認知機能の低下を感覚的には受け入れられず、最初は許せないのです。

これは部下に対してもあてはまります。期待値が高いのに、期待通りにならないといらつき、怒りを覚えます。しかし、ここで怒っても何の効果もありません。

認知症ケアでいえば、叱るのではなく、相手の目をしっかり見て、敬意を払い、常に相手の理解度に合わせた丁寧な言葉かけや説明をして納得できるようにします。逆に、叱れば叱るほど相手を追い詰め、自信を失わせ、不安にして、混乱や興奮を招き、徘徊などのBPSD（周辺症状）を強めます。

認知症の人は、その症状が軽度の人でも周囲の環境への適応が難しく、環境が精神的機能に影響を与え、常に不安を抱きやすく、傷つきやすい状態です。

人間は誰でも基本的に同じです。自信を失えば、ストレスで頭は回らなくなり、自分のやっていることに疑問を感じるようになります。

最近、認知症ケアでよく話題にされ、有効性が確かめられている「ユマニチュード（人間らしさという意味のフランス語）」という方法があります。相手の人間性を尊重するケア方法で、「包括的コミュニケーション」とも呼ばれます（72ページコラム）。

認知症ケアの方法としては、ほかにも、米国の「バリデーション」（72ページコラム）、英国の「パーソン・センタード・ケア（人間中心のケア）」などがあります。これらは方法論的に違いはありますが、基本的には、その人間性を尊重し、「1対1」で向き合いながらコミュニケーションします。

これらの認知症ケアの方法論は、日本でも、すぐれた介護実践者によって昔から行われていたものです。ただ指導法として確立されたものでなかったため、テレビなどで、フランス人による「ユマニチュード」が紹介され、寝たきりの人が立ち上がる映像をみた視聴者が「奇跡だ」といって驚きます。これは言い方を換えれば、いかに日本人の多くが「介護」について知らないかを示す事例でもあります。

介護の仕事の中で得られる感動とは、相手との人間的なつながりによって得られるものであり、それは日常的に生まれているものです。

介護の仕事を、食事、排泄、入浴など日常生活の世話をする仕事だけだととらえると、この感動は消えてしまいます。その意味では、介護は、人間性（ユマニチュード）そのものに関わる仕事です。

もし家族の誰かが認知症状を持つようになったら、「悲しい」と思うだけではなく、むしろ、コミュニケーションの方法を変え、新しい人間関係をつくるチャレンジであると思ってください。

同じように、スタッフの何気ない表情に不安を感じることがあれば、その人に対して、いかに迅速《じんそく》に時間をつくれるかは大切なことだと思います。

1対1の「包括的コミュニケーション」は、認知症ケアの方法論というだけではなく、企業にとっても「働き続けたい職場づくり」で求められるコミュニケーションの本質です。

認知症ケアに学ぶコミュニケーションの本質

人は、認知症状が出ると、自信を失っていきますが、それでもほとんどの人は、気位が高く、人から敬《うやま》われ、役に立ちたいと願っています。**認知症の人は何もできなくなったと見下すようなケアでは、ラポール形成が困難になり破綻《はたん》します。**今はむしろ「共生」の時代です。

この時代に、あなたの職場の人間関係やコミュニケーションの在り方はどうでしょうか。

「あの人は、言ってもわからない」「使えない」「聞き入れてくれるはずがない」というレッテルを貼っていませんか。

たとえば、部下や同僚と付き合う方法を、「ユマニチュード」で考えてみます。

「ユマニチュード」では、相手の目をしっかり見ることを基本にします。このことは日本人には苦手ですが、きちんと相手の顔に視線の先をあてるべきです。相手の目を見ることが不自然なようであれば鼻先や眉間でもいいと思います。

「相談」という場面であれば、当然、1対1で、相手と同じ目の高さで、相手の正面を見ます。相手との距離はテーブルを挟むくらいが適当ですが、信頼関係が強ければもっと近づけてもいいと思います。

そして、否定的な言葉を使わず、常に、肯定的・共感的に話します。相談者の話を聞くときは傾聴を基本にします。傾聴については後述します。

相手に触る場面は、とくに日本の会社では少ないと思いますが、同性であれば「がんばって」と手を差し出し、相手が握り返してくれれば、より強い励ましになることがあります。

● コラム COLUMN

○ユマニチュード
相手の人間性を尊重するとともに、「見る」「話す」「触れる」「立つ」の4つから説明されます。
① 見る
相手と同じ目の高さで、相手の正面、相手と近い距離、長い時間。
② 話す

ポジティブで、共感的で、優しく穏やかで歌うように話し、言葉かけを常に行う。

③　触れる

手のひら全体で優しく触れる。つかむようなことはしない。

④　立つ

本人になるべく立位を長くとってもらい、歯磨きなどを行ってもらう。虚弱高齢者は、数日から数週間、車椅子で生活したり、ベッドで寝ていると立位がとりづらくなります。

○バリデーション

バリデーション（validation）は、認知症高齢者が歩き回ったり、暴力を振るうなどのBPSD（周辺症状）にはすべて理由があることなので、対話しながらその理由をつき止め、共感し、経験を分かち合おうとする方法です。

英語のバリデーションには「検証」という意味があり、BPSDの原因を検証して、より深く寄り添うことを目的にします。たとえば、徘徊には、「病院に行く」「子どものお菓子を買いに行く」などの理由がありますが、介護者は、「今日は病院に行く日じゃないのよ」と否定するのではなく、「いっしょに連れていってもらえませんか」などといっていっしょに玄関を出ます。

しばらくすると自分の認知していたはずの情景との違いや、目的を忘れたような発言が聞かれたりします。そのタイミングで、「よかったら、この先に親切な休憩場所がありますので行きませんか」など声をかけることで、「そうね」と同意が得られ、落ち着きを取り戻すことがあります（昨今では、「徘徊」という言葉を使わないようにして、「周辺確認」とか「散策」という言葉を用いることが多くなりました）。

BPSDは、環境や介護の失敗によって起こることが多くあります。たとえば介護者の声かけが不足して孤独感を覚えることで起こることがあります。これなど、一見、「原因は何もない」ようでいて、介護の失敗、環境の失敗です。

スウェーデンで提唱された介護法で「タクティールケア」とは、介護者が相手の指先などにゆっくり触れることで自律神経を安定させ、血圧が下がったり、心拍数が減少し、体温が上がるといった生理現象を利用するものです。日本では生活習慣が異なるので、気をつける必要がありますが、「ガッツポーズ」を送ることや、握手するなどで、より親密感が高まることがあります。

「ユマニチュード」では利用者に「立ってもらうこと」をとても重視します。立てる人には立ってもらうだけで、脳、身体への栄養になります。ビジネスでは、部下の自立をうながすことです。相手を「承認」し、話を傾聴し、うなずき、励まし、そのうえで、注意する必要のあるところはピンポイントで質問し、内省を促します。

リーダーは「指示する」というより、常に「育てあっている」という人間関係を意識してください。

1対1面談では、相手を心から迎え、尊重し、相手の力を引き出すという姿勢が「かなめ」になります。認知症の人の生きる意欲を奮い立たせ、生活を楽しんでもらうという人間的な知恵、工夫に通じる姿勢でもあります。

認知症の人をそのようにケアできる人は、周囲の人の成長をも助けることができます。認知症ケアは子どもの教育にも似ています。子どもに自信を持たせながら自立を促すのです。

上司という立ち場は、部下の心をケアし、モチベーション（動機）、モラール（士気）を高める役割です。1対1コミュニケーションは、「育てあう企業」の本質です。コミュニケーションでやりとりするものは、単なる「情報」ではなく、「心」です。

自分の価値観を横に置く

他者とのコミュニケーションにおいて、自分の価値観はこういうものであったのかと気づくことがあります。小さいころからつくられてきた世界観というのは「当たり前」過ぎて自分ではなかなか気づかないものです。それにより、知らず知らずに他者を偏見の目で見ていることがあります。

冷静に考えれば他者の価値観は自分のものと違って当然で、それに腹を立てても仕方がありません。むしろ近いものがあったならラッキーだ、くらいに捉えます。

ただ、「価値観が近い」と思って安心しているのも危険です。近いなりに違うのです。そこで生まれる誤解も少なくありません。「近い」という思い込みが危険なのです。

介護のプロでも、自分の思い込みから抜けられず、利用者を混乱させてしまうことがあります。

ある施設に入居している認知症のC子さんが、部屋から出てきては、周囲の入居者に、よく怒るので困っている、という相談を受けたことがあります。

C子さんは、「人が食事をしているのに自分の分がない」といって怒るのです。実際は、別の入居者が食事時間に昼寝か面会で遅い食事をとっているのを見て、自分がすでに食事を終えたことを忘れて怒るのです。

「C子さんはもう食べましたよ」と単に否定しただけでは、C子さんは納得できません。それどころか、ばかにされたと思ってますます怒ります。

C子さんは、認知症で短期記憶（すぐ前の記憶）が失われます。単調な施設生活では食事はとても大きなイベントですから、自分の分がなければ「不当な扱いだ」と思うのは当然です。

私が、C子さんの生活背景をいろいろ聞くと、家にいたとき、家族全員で「いただきます」といって食事をはじめ、「ごちそうさま」で食事を終わらせていたそうです。だから、食べる時間が人によってマチマチということが納得できない様子でした。

私たちの価値観は、影響を受けた人や体験によってつくられます。施設では集団生活の習慣やルールに合わせてその価値観を修正していく（再社会化していく）ことになります。価値観の修正には心の柔軟性が必要ですが、認知症になると記憶障害に伴う不安が根底にあるので非常に難しいのです。

ですから、認知症ケアでは、その人の生活背景を知り、その人の立場になって、ケース・バイ・ケースで対応することが重要となります。

C子さんの生活習慣を知って洞察していれば、C子さんが部屋を出てきた瞬間に、反応が予想できます。ですから、「C子さん、D男さんは、先ほどまでお客様が来ていて、やっと今、お食事しているんですよ。よかったらいっしょにお茶でもしませんか」といえば、あっさり、「あら、そう」と納得する確率が上がります。

認知症の人の行為には必ず理由がありますから、C子さんの怒りの原因（食事は皆がいっしょにとるものだ）を探ることで解決の糸口が見つかります。バリデーションでいう検証作業です。C子さんの生活背景から探れる解決方法は一つではありませんから、これでダメなら、ほかの方法を皆で話し合います。

認知症の人が、何でもかんでもすぐ忘れて、何を言ってもわからない、と考えるのは間違いですが、「食事時間が人によって多少ずれるのは当たり前で、そのくらいのことは察してほしい」と考えるのもムリな思い込みです。アルツハイマーなどの認知症は、すぐ前の記憶を失います。一眠りして、部屋から出てきて、誰かがおいしそうなものを食べていれば、長い生活習慣から食事時間だと思っても不思議ではありません。

互いの思い込みが、相手の価値観の理解を妨げます。これは相手が認知症の人でなくてもよくあることです。

ふだんのコミュニケーションでは、自分の考え方・価値観という思い込みがぶつかりあいます。水掛け論の源泉です。**相手の立ち場になる、ということは、自分の思い込み（価値観）を横に置き、相手の立ち場でものを考えるということです。**

これは、心理学でいう「自己覚知」「受容（あるがままに受け入れる）」といわれるもので、そこそこにパワーも、勇気も必要です。世間でいわれる「寛容」「寛大」と言われる人は、この部分（自分の価値観を横におく）ができている人だと思います。

デナイでない

繰り返しになりますが、コミュニケーションで重要なことは、相手を「否定しない」ことです。英語で、否定することを「deny（デナイ）」といいますが、「デナイでない」です。

問題が起きる職場では、職員同士でも休憩室で「何なの！あの人！信じられない！」などの声が興奮気味に聞こえたりします。「否定しない」というのは、「あなたが我慢しなさい」ということではありません。

まずは相手に対して、こちらが何らかの条件をつけずに肯定的に話を聞くことで、相手を尊重する態度が重要です。心理学では「無条件の肯定的配慮」といいます。これが介護では「受容」になります。

受容するというのは「ありのまま受け止める」ということですが、これは相手の価値観を受け入れる最初のステージです。

通常、ビジネスにおいては、受容してばかりではいられません。ビジネスで「否定しない」で価値観を受け入れる方法に「承認」があります。「承認」とは、事実に基づき、認め許すこと。聞き入れることです。「承認する」上では、ルールをつくり、秩序を保つことが大切です。「承認」は、相手の気持ちになって、相手の努力姿勢、労力、内容など、あなたが感じとった「事実」を、積極的に受け入れることです。

承認には、ある程度自分をコントロールすることが必要です。この状態ができたら、その次に質問します。相手に間違いがあれば、それを自ら気づいてもらうような質問をします。

たとえば、単純な話、姑であるあなたのところに、嫁が「シチューの味見をしてくれ」といってきたとします（昭和の匂いがするたとえですね）。

あなたには少し薄味だった。その場合、どうコメントしますか。

「これ、薄い。塩が足りないと思う」と、あなたがいえば、嫁はカチンとくるかもしれません。すでにラポールが形成されているならその限りではありませんが、そうでなければ「味見をしてくれ」は、いってみれば単なる嫁の社交辞令かもしれないのです。

そこで、本人の「気づき」をうながすには、どうすればいいでしょう。

原則は、まず承認のサインを出す。次に質問する。たとえば、

「おいしいわ（承認）。私がつくると濃くなるの。これ減塩かしら？（質問）」。

何か理由があるかもしれない、という言外（げんがい）の意味がこめられています。「承認」→「質問」の流れです。

こう聞かれたら嫁は、ほっとして（うれしくなって）、質問の答えを考えます。

「そうですか。とくに減塩ではありません」と答えたら、あなたは、「個人的には、ちょっとだけ濃くしてもらってもいいかも」とか「暑いから少し塩分多めがいいかもね」などとアドバイスします。

嫁が、もし、「お母さんの健康には薄めがいいと思って」と答えたら、「確かにそうね、これがいいと思うわ」と答えればいいと思います（筆者なら、「減塩しないとダメかもしれないけど、ちょっとだけお塩を足してくれたら嬉しいわ」とねばるかも知れません）。

まず、嫁の仕事をねぎらい、承認することで、安心感、満足感をもってもらうことが大切です。このとき、多少「ん？」と感じても、「おいしい！」とリアクションができる姑はその後も嫁とうまくやっていけると思いませんか。

「郷に入っては郷に従え」で相手に我慢をさせることが当たり前の時代ならよかったかも知れませんが、今の時代は、多様性を認め合う時代です。自分の意見は、受容した後に述べるのがベストです。

もちろん、ラポールがすでに築かれていたり、姑が料理の師匠筋で嫁が弟子という自覚をもっていればこの限りではありません。

第三章

コミュニケーションを組織化する

〜１対１ラポールを基本に組織づくり

意図が伝わらない会議

こんな失敗談があります。

ある会社の役員会で、本部長が、「売り上げが落ちている。施設長に営業で月100件ぐらい、関係先をまわらせたらどうか」と提案しました。

当の本部長はもとより、ほかの部長たちも、「100」という数字は、単に「とにかく大勢の人に会うこと」と捉えていました。言い換えれば、そのぐらい言わないと動かないのでは、といった、薄い信頼関係が根本にあります。

ところが、会議に出席していた新しい事業部長は、「100」という数字を文字通り「100」と受け止め、施設長に厳命しました。

「月100件を回ること、名刺を100枚集めて報告するように」。

施設長が100件回り切れないと（名刺が100枚に満たないと）、翌月、事業部長に呼び出されて叱《しっ》責《せき》されたそうです。といっても、施設長の仕事は営業だけではないので、外回りで不在となると、さまざまな弊害があります。施設長はやりがいを見いだせず、結局、大きな成果も出せないまま、施設長数名が退職。従業員の不満は増大し、「100件作戦」は線香花火のように終わりました。

この場合、問題は役員の言い方、事業部長や施設長の受け止め方だけではなく、役員会の雰囲気、施設長の対応にも問題がありそうです。

筆者がこの問題を社長から聞き、役員の数名にヒヤリングすると、役員会に出席したほかの部長も、自分の職掌《しょくしょう》ではないので、わざわざ「１００」の意味の確認をとりにくく、とる必要もないと考えたそうです。その結果、本部長から事業部長、課長へと伝言ゲームのように「意見」が下《さ》がるうちに、「１００」という数字が一人歩きをはじめました。

もっと柔軟に会議が進められていれば、「１００件というのは、わが社のファンを多くつくり、稼働率を高めるという意味ですね」という質問が出たり、当の役員も、「今まで会わなかった人になるべく多く会うようにして現状を打開していこう！」「各自の目標を出してもらいたい」というような課題認識ができる話し合いになったと思います。

１００件命令を受けた施設長も、職場内で部下と課題を共有して「フォロワーシップ」（コラム）を高めることで、何かしらの結果につなげることができたはずです。リーダーとフォロワーの関係を結びつけるのはラポールです。

コミュニケーションには、ドッジボール形式とキャッチボール形式があるとよくいわれます。ドッジボールは、相手にできるかぎり早い球をぶつけますが、キャッチボールは相手がとりやすいボールを投げます。自己本位か相手本位かの違いです。とうぜんドッジボールではコミュニケーションになりません。

ドッジボールタイプでは、自分の意図は伝えたのだから、自分の役割は果たした、伝わっていないのは受け取る側の問題だ、と考えます。意識的にも無意識的にもよくあることです。誰でも、同じような苦い体験を繰り返しているのに、なかなか抜け出せません。

会議では途中経過をまとめる

どんな会議でも、簡単でいいので、目的と進行方法を示したレジュメが必要です。時間も設定します。お互いに、相手のふだんの行動を考え、言葉への反応を観察しながら議論を進めます。言葉の発信は、相手の心に向けて、受け取りやすいボールを投げることを優先します。

投げたボールがどう受け止められたかを確認することも必ずしてください。この場合も1対1が基本です。受け止め方が悪い人がいるようなら、言い換えてもう一度ボールを投げます。難しい言葉、はやりの外国語をわざと使うのは賢明なことではありません。

会議の途中で、「誤解があるといけないので、今、話したことを、まとめてもらえますか」といって、理解ができているかどうか心配な人を指名してその理解度をはかったり、内容を確認することも重要です。簡単なことでも、案外、誤解していることが多くあります。

ミーティングで、いろいろな人の意見をかみ砕いたり、確認するのも「まとめ役」であるリーダーの役割ですが、リーダーの演説会にはならないように注意します。

リーダーは、さきほどの「100件」の誤解についても、「○○部長が100件というのは、なるべくたくさんの人とコンタクトをとり、目標を達成するという意味で捉えてもよろしいですか」と確認し、誤解のないように言い換えながら、互いに共通理解を深めるなどの通訳や調整を行います。

リーダーだけではなく、誰でもがそのような形でミーティングに参加するのが理想です。誤解されそうな言葉に気づいたら、それを言い換える「通訳係」も必要です。それぞれが任された仕事を助け合う雰囲気をつくることが求められます。
会議では、自分の主張を通すことを目的にするのではなく、全員の理解を優先します。もし自分の主張

● コラム COLUMN

○フォロワーシップ

リーダーは「まとめる者」、フォロワーは「まとめられる者」ですが、「フォロワーのあり方（フォロワーシップ）」を提唱した米国のR・ケリー（カーネギーメロン大学教授）によると、企業行動においては、リーダーよりもフォロワーの影響度のほうが、2対8くらいではるかに大きいといいます。

リーダーシップとはフォロワーを「率いる」ことではなく、フォロワーの意見をまとめ、フォロワーを育てる姿勢です。なのでリーダーは「まとめ役」なのです。リーダーとフォロワーが互いに理解しあえる（育てあえる）関係になるためには、チームの目標設定を行い、互いの理解と共感をはかります。この相互関係を確立するためには対話が重要です。

フォロワーシップとは、単に「リーダーに従う」という意味ではなく、組織全体に配慮しながら、リーダーを効果的に支え、疑問があれば確認したり、提案したりすることで、その範囲の責任主体となるという主体的な姿勢を示します。リーダーもまたその上司に対してフォロワーになります。つまり互いがフォロワーであり、社長もまた社会や株主に対してフォロワーになります。

日本の従来型経営のように、リーダーになったら「オレについてこい」式では国際化の波に太刀打ちできません。フォロワーシップのトレーニングは、イノベーションそのものでもあります。

図表 3-1　会議の進行で重要なこと

準備	・目的と進行方法を事前にレジュメにして配布する（時間も明記） ・司会や書記を明確にするとともに、会議環境（席の配置など）を検討する ・会議前の基本的な１対１ミーティングで「問題認識」などの意思疎通を図る ・会議がはじまったら、司会者は議題と内容、時間を説明する ・報告事項を先に確認し、議題である「相談事項」や「検討事項」について議論する。その後、「連絡事項」を伝える、といった流れをつくる
会議中	・議題が示されたら、参加者は、互いの発言内容を理解することを優先する ・参加者は誰でも、途中で「通訳」「交通整理」を行う ・途中で指名された人が会議の内容や意見をまとめるなど、参加型を意識できるようにする ・議論は歓迎し、意見集約のときはクールヘッドに第三者の立ち場に立つ ・笑いを大切にする ・時間を守り、話し合いのまとめを確認したり、次回の日付などを確認して終了する

を通したいのなら、なおさら参加者全員がそれをしっかり理解し、納得できたかどうかを確かめます。

会議を円滑に進めるうえで「ファシリテーター」を置くことがあります。筆者もファシリテーター役で会議に入ることがあります。基本的には、会議参加者とは利益相反のない「第三者」です。クールヘッド（冷静）に会議の論点を分析しながら、「それはこういう意味ですか」「こういうふうに解釈していいですか」といった質問を通して、話し合いを効率化し、偏《かたよ》りがないように目的地へと導きます。

ふつうの会議でファシリテーターを参加させることはできないので、参加者が意識的にそれを行います。つまり、一歩身を引いて「通訳」「交通整理」を行います。

話がややこしくなったら、先述のように、誰かに話をまとめてもらったり、議事録を読んでもらいます。微妙な誤解があれば、そこからやり直します。

若い人が、いつ会議でファシリテーター役をおおせつかるかわからない状況であれば緊張感を持って会議に参加しますから一石二鳥です。

途中での確認作業を「制度化」して、「通訳」「交通整理」が入ることで、会議の流れを変え、結論へと導くこともできます。

そのためには、**会議の参加者は、誰もが冷静に一歩引いた「第三者」の耳を養います。またどんな会議にも「笑い」は大切です。余裕が生まれれば、それだけ冷静にもなり、いい知恵も生まれます**（図表3-1）。

中間管理職は「伝言係」ではない

役員会など上部会議の内容を部署内のスタッフに周知するのは中間管理職です。

しかし、中間管理職は単なる「伝言係」ではありません。この役割を適切に果たすことができないことがさまざまな会社の悩みです。

最近はＩＴを使って全社員に同時に伝える方法が増えてきましたが、会議録や意見交換がウェブ上で行われても、それで伝えたいことが十分に伝わるわけではありません。わかりにくいことはわかりにくいままだし、士気が高まるわけでもありません。単に決定事項が生のまま周知されるだけです。

中間管理者の仕事は、社員一人ひとりが最適なパフォーマンスを発揮できるような環境を整えることです。会社の方針決定などについて、なるべく詳しく「今、この会社は・・・という状況であり、私たちが提案していた打開策が採用されて、・・・に決まりました。これは私たちが提案していた内容にほぼそっているといえます」などといった情報をスタッフ全員と共有します。「報連相《ほうれんそう》」の「連絡」のスキルです。

このとき、上層部でなぜこのような結論が出たかを背景説明に合わせて、社員全員が「わがこと」として実感してもらえるような伝達方法を考えます。

伝えるだけではなく、スタッフに、「この決まりに従って動いたら、どのようなよい成果が生まれると思いますか」など、その成果や達成した状況をイメージしてもらいます。また、疑問や不安があれば相談してもらえるように働きかけることも大切です。

このテクニックは心理療法のブリーフセラピー（短期療法）で、「ミラクルクエスチョン」と呼ばれる技術を応用しています。このような質問を受けた人は、質問に対して答えを出そうと頭を働かせます。そして、成功したときのことをイメージします。

イメージすることによって、

①解決のイメージが明確になる

②問題を明確にできる

③現在の自分の思考や行動について客観的に振り返ることができるので、次の行動で何をすべきかがわかる

これらがはっきりし、与えられた課題に対するモチベーションが高まります。

ミラクルクエスチョンの特徴は、「問題」にフォーカスするのではなく、「解決」にフォーカスすることです。このような方法を用いて、伝達内容を「わがこと」として考えてもらい、情報が正しく伝わっているかを確認したり、やる気を引き出したりします。

組織イノベーションが起きやすい環境を創るには、参加型組織であることが望ましい時代になりました。

組織を参加型につくりかえることで、スタッフ個々の能力が開発されやすくなります。しかし、全員参

加ということではありません、全体の８割が参加できるようになれば「上等」です。「非」参加型組織では、上から下りてきた指示を、スタッフは単調な「業務」として、いわれた通りに実践しようとするだけです。自分の立場でできる提案もあえてしません。ただ「うちのトップは、現場のことを知らないからダメなんだ」と上層部を批判するだけです。

上層部は上層部で、「うちの社員は能力がなくて、自分の都合ばかり主張している」とグチをこぼします。私が両者の言い分を聞いていると、上も下もがんばっているのに、つながっていないのです。山から海へと流れる川の途中のダムによって水量が調整され洪水を防いだり、発電したりしますが、このダムのコントロールが上手くいかなければ、さまざまな支障が起きます。このダムにあたるのが管理職といえます。

経営者が、スタッフに経営内容をどこのポジションまで伝えるかは規模にもよりますが、経営者の考えに触れたり共感する体験ができると、一緒にがんばっていこうという熱意が増大します。団体スポーツで勝利するためには、選手が監督の戦略意図を知る必要があります。上層部の意図がわからなければ、スタッフは、直属の上司のあとを「事なかれ主義」でくっついていくしかありません。グループへの参加意識のない集団は「烏合《うごう》の衆」です。

会社の意図（理念、ミッション、ビジョン）を全社員に浸透するためには、「タテ」の情報パイプラインを太くする必要があります。しかし、中間管理層は、上から来た情報をただ下に流すだけの単なるパイプラインではなく、上と相談しながらスタッフの参加動機を強くし、意欲をうながすような情報伝達を行います。

ダムの例でいうなら、ここでたくさんの支流を集めてパワーアップします。情報伝達は単なる伝言ゲームではなく、それだけで重要な創造的業務です。

コミュニケーションを組織化する

介護は、技術や知識を除けば「サービス」と「ホスピタリティ」が合わさったものだと思います。

ここでいう「サービス」とは、介護保険サービスの枠で自己負担が発生する「商品」です。お客様である利用者と、サービスを提供する介護者の契約関係を意味します。これも重要な認識です。

いっぽう「ホスピタリティ」とは、先述のように、商品価値や契約関係を超えて、相手を尊重して受け入れようとする気持ちです。いってみれば、利用者と介護者の「共創的関係」です。出会いを楽しみ、互いに協力し合い、互いに自己実現をはかる関係といえます。

ホスピタリティは、コミュニケーションを土台にした経営哲学に関わります。

ある認知症グループホームで、地域住民に対して、認知症の理解を促進するための勉強会に立ち会う機会がありました。通常は、職員による取り組み紹介などを行うのですが、ここでは、入居者自身にお話してもらうというユニークなもので、力強いお話を聞くことができました。

「できないことは増えましたが、誰かのために貢献したいという思いがあります。どうぞ私に手伝えることがあれば何でも言ってください」。

聴講者は、はじめはけげんな様子でした。認知症に対して、特別なメガネをかけているのです。しかし、そのうちのお一人が、「私たちもできることをしたい。一度グループホームに遊びに行ってもいいですか」

と声をかけてくださいました。

当事者もまた地域の住民であり、住民同士が互いの理解を深める結果につながったと思います。お互いにメガネをはずしてみたら、「実物大」のお隣さんがいたのです。ホスピタリティは、すべての人がお互いに理解しあい、ラポールを築きあうことを意味すると思います。そのきっかけづくりも施設職員の役割の一つです。

介護は、一方的なものではなく、双方向的な心のやりとりです。その意味で、介護は、言葉を媒介するかどうかは別にして、コミュニケーションそのものといえます。これは飲食や美容、ＩＴ企業の人々がクライアントと会話する際にも同じことがいえます。

介護では、おむつ交換が終わって、利用者にちょっとだけ寄りそう時間を持つことは大切です。オムツ交換は、オムツを交換するという「作業」が目的ではなく、気持ちよくなってもらうことが目的です。誰でもオムツをするということ自体に「恥ずかしさ」を感じていたり、まして汚れていれば気持ちが悪く、それは認知症がいかに進行していても同じです。

ですから、思いやりやユーモアのある言葉かけ、会話をすることで、人としてほっとします。そこが自分の「居場所」であることを納得できます。

しかし、忙しくサービスが組まれている介護の現場では、同じ作業を続けているうちに、他者への敬意は薄れやすくなります。相手に配慮することが「ケア」ですが、この意識が薄れてしまえば、確実に仕事へのモチベーションも下がっていきます。完全にドライに割り切って、「何人のオムツを何分で終えられる」というスピードを誇るような人があらわれます。

このような中で、「たとえ、自分一人でも・・・」と、一人ひとりを大切にしたケアをがんばる人もいます。しかし、周囲と協働できなければ、結局は職場を批判して辞めていくことになります。一人だけでがんばるのは危険です。一人でホスピタリティ介護を実践しようとすれば、一つひとつの介護動作が遅れ、全体の作業時間に影響を与えます。チームメンバーからは陰口の対象になり、周囲を戸惑わせ、残業が増えたりします。

「あの人は仕事が遅い」「私たちの足を引っ張っている」「自分だけ利用者にいい顔をしている」とチームメンバーに思わせてしまうのは、結局、チーム力を弱め、全体としての介護力を低下させてしまいます。しかし、周囲に合わせてホスピタリティ介護を諦めたり、退職してしまえば、会社としてはマイナスしかありません。利用者にも混乱と迷惑を与えます。

コミュニケーションがすべてにわたって円滑であるためには、組織の中でコミュニケーションが「構造化」されている必要があります。構造化とは、顧客とコミュニケーションをとるための時間的・精神的余裕を、チーム内で、あらかじめ話し合って取り決めることです。

たとえば、おむつ交換後に利用者と小さなコミュニケーションをとるためには、一単位あたりの介護時間に、その時間を「プラスα」として設定し、チーム内で時間を融通しあいます。プラスαというと、まるで「おまけ」のように響きますが、ホスピタリティ介護の核といってもいい部分です（この時間は介護保険の配置基準には含まれないため、企業努力とされています）。

ホスピタリティ介護、共創的介護とは、言葉のある・なしにかかわらず、相手を包み込むコミュニケーション法であり、相手の力を引き出す介護です。

これを個人の能力に関わりなく、組織全体で行うには、全員参加型で話しあい、「制度」にしていくことが、会社の安定をはかるもっとも早道です。

人を変えるのではなく、環境を変える

心理学用語で「ストローク」という言葉がよく使われます。原義は「なでる」「さする」という意味の英語で、言葉や身体表現によって、「他者の存在を認める」表現です。

プラスのストロークは、「心の栄養」とも呼ばれ、相手を励ましたり、勇気づけたり、楽しませたりして相手の心を栄養で満たします。「よくやったね」「がんばったね」「偉かったね」「大丈夫だよ」などといった言葉をかけて、相手を元気づけたり、安心させたり、いやしたりします。

むやみに「もっとがんばろう」と励ましても、相手の心境にあわなければ、突き放されたような感覚を覚え、同じ言葉でもマイナスのストロークとして働くことがあります。たとえば、末期がんをわずらう人に、「がんばってね」といっても、何をがんばっていいのかわからず、かえって孤独感を抱かせるかもしれません。「自分自身の痛みや不安がありながらも、周囲への配慮を忘れないＡさんには頭が下がります」と承認することで、本音を語ってくれたり、自分らしさを失わずに気力を回復することがあります。

部下や相手のよいところを評価し、ほめて「承認」を与えることはプラスのストロークです。

上司は、部下の「承認欲求」を満たし、安心できる環境をつくることで、部下は、自分の問題を見つけ、課題と向き合うことができます。

筆者の座右の銘は、「人を変えようとしてはならない。環境を変えることで、人は変わるのだ」です。色紙にして常に自分に言い聞かせています。

上司は、部下に「こうなってほしい」という期待があって教育しますが、大事なことはその人自身を変えることではなく、本人が「変わりたい」と思うように、環境を整えることです。

叱ったり、命令したり、説教しても人は変わりません。また心の栄養ストロークだけでも人は変わりません。概して**「人を変えよう」と思わないことが大切です。それぞれの個性のまま、周囲の環境（人間関係、組織、処遇など）を変えることで、その人自身に、「何が問題か、それを解決するにはどうすればいいのか」を気づいてもらうことが出発点です。**

人を育てたいと思ったら、その方向に環境を整え、気づきを持ってもらう。それには知恵をしぼる必要があります。人を育てるには、まず相手から何かをくみ取る姿勢が大切だと思います。育てるのではなく、「育てあう」のです。

知恵ある環境づくりには、「心の栄養」もその一つですし、人間関係やコミュニケーションの円滑化、その人の役割やキャリアアップ制度など組織機構にはさまざまなものがあります。

組織全体を変えるには時間がかかりますが、自分ができる範囲で、部下の成長のために最大限の環境づくり、組織づくりをします。小さな変化をデータにとって上層部にプレゼンすることも大切です。それぞれの上長がそう考えることで組織全体が変わり、強い組織ができあがります。「それはムリだ」と思ったとたんに、組織改革《イノベーション》の種火は消滅します。

発言を促すハード環境

環境には、「人的」なものと「物的」なものがあります。

物的な環境とは、たとえば、集中力を高めるために静かな部屋を用意するとか、パーテーションや観葉植物でそれぞれの仕事環境を区切るといったことがあります。もちろんデスクの配置をどうするかも仕事の効率化のために大きなポイントになります。

業務以外のちょっとしたコミュニケーションを増やすために、オフィス内に小さなミーティング用のテーブルを用意することもあります。高いテーブルを使って、立ったままのコミュニケーションを促すこともお勧めです。

デスク周囲のデザインや筆記用具などを工夫することも意味があります。服装もそれぞれの制服がありますが、制服に着替えると心も切り替わるので、デザインは大切です。

会議で、うつむき加減になる社員には、顔を上げてもらう工夫をします。そういう社員に直接発言を求めるより、たとえば、「隣の人と相談して報告を」という働きかけも効果的です。また、ホワイトボードを使って説明すると、自然に顔が上がります。目が合ったら、「○○さん、これについてどう思いますか」などといって発言を促します。

ブレスト（ブレーンストーミング、参加者全員が自由にわいわい話し合うミーティング）をして、ホワイトボードや模造紙などに、どんな発言も否定することなく書いて、あとで整理する方法（KJ法）もたびたび行うと発言しやすくなります。

もう一つは、環境を「人的」に変える方法です。

心の準備には段階がある

とうぜんながら人の心はそれぞれ異なります。心の栄養ストロークを出すことは重要ですが、相手をよく観察して、どうすれば心の栄養になるか（プラスのストロークになるか）を捉える力こそ重要です。

心理学用語で「レディネス」（準備状態）という言葉がありますが、レディネスとは学んだり、新しい体験をするための心の準備段階を意味します。気持ち、成熟度、知識などによってレディネスには段階があります。

たとえば、人前で話すのに時間がかかる私は、飲み会に誘われたら、厨房《ちゅうぼう》に近い場所に陣取り、「酒が足りなくないか」とか「肴は大丈夫か」といったことに自然と心を配ります。せめて私のできることをして、私なりに貢献する方法を考えるわけです。

そのうちに、タイミングを見計らって、はじめは隣の人に、次第に周囲の人に、というようにテリトリーを広げながら、質問したり意見を述べながら、私なりに飲み会に参加させてもらいます。たとえ見当違いの発言をしても、すぐに訂正されることで、自分の意見の質が上がっていくのを快く感じます。飲み会には飲み会なりのレディネスがあるのです。

しかし、意欲が高いだけではレディネスが整っているとはいえないことがあります。

たとえば一つのプロジェクトチームに選ばれて参加する人は、それだけの期待もされているので意欲的でレディネスが高い状態といえます。しかし、なかなかエンジンのかからない人もいます。

本人に、「技術革新《イノベーション》したい」という意欲はあるのに、他者に関心が薄く、プロジェクトなどへの参加には消極的なのです。大きな仕事はしたいけれど、たくさんの人と仕事をするのは苦手という「空想的イノベーター（改革者）」が増えているような気がします。


誰でも「必要とされる者でありたい」という承認欲求はありますが、必要とされるためには、相手のニードに応えようとする「レディネス」（心の態勢）が必要です。


どんな仕事も他者との交わりのなかで結果を出すことができます。イノベーションは、いろいろな人のアイデアの蓄積から生まれます。ですから他者に興味がなければイノベーションもありません（エジソンのような天才は別です）。

一つの活動に参加したいという意欲を持てば、指示がなくても、自分ができることを積極的に探そうとするはずです。しかし、相手の立ち場に立って考えなければ必要とされません。目標は高いけれどレディネスは低い。

そういう社員に、そのことを気づいてもらうのは上司の役割です。気づきの段階もレディネスに左右されます。レディネスが低ければ、なかなか期待通りに気づいてはくれません。ですからリーダーは、部下が「よーい、ドン」のスタートラインに立つために、動機づけを行い、仕事やプロジェクトに興味関心を持ってもらってレディネスを高めるような働きかけを行います。

言い換えれば、組織づくりとは、社員のレディネスづくりです。労務管理に求められる「モラール（士気）を上げる」というのは、個々のレディネスづくりがかぎなのです。

意欲は高いが他者への関心が薄い若者

E男さんは、あるボランティア団体のプロジェクトに「入りたい」と立候補したので、「参加意欲あり」と思い、プロジェクトに参加してもらいました。とても感じがよく、平素の仕事もコツコツと一人で丹念にこなす青年です。

ところがプロジェクトチームの中では消極的なのです。仕事をどんどん片付けるタイプの人は、自分の立ち位置を知って、自分でできることを自分で見つけて、「こんなことをやりませんか」「私はこれをやります」とチームリーダーに持ちかけてきます。

議事録をとったり、資料を集めたり、それぞれが持つスキルを活用してプロジェクトを進めようとします。

しかし、E男さんは、立候補はしたのですが、ミーティングでも発言がない。事務局として「ミーティング日程の調整をしてください」とメールすると、「私は○月○日なら大丈夫です」とだけ返信してきます。

実は、E男さんからも相談を受け、他者に興味をもたないASD（自閉症スペクトラム障害　コラム）である可能性を考え、E男さんに説明・同意を得てWHO（世界保健機関）の診断表のチェックをしてもらいました。しかし、ASDでもその境界でもありませんでした。

ASDの人のなかにはさまざまな能力があり、適材適所で仕事をお願いすると、とてもいい働きをしてもらえますから、今後のこともあり、念のため確認してもらったのです。E男さんは、ふだんはチームではなく1対1の仕事内容で、その部分では円満に仕事をしています。

E男さんは、目標や意欲はあるのにレディネスが低いという状態です。私は、E男さんにどのような環境をつくれば、E男さんが自分と向き合い、周囲の人との関係性の重要さに気づいてもらえるかを考えま

●コラム COLUMN

○ASD、発達障害

ASD（Autism Spectrum Disorder、自閉スペクトラム障害）は、かつて医学的に「アスペルガー症候群」と呼ばれ、脳機能の一部にある障害が原因とされます。他者への興味・関心が低く、いっぽう、ある種の物・事に強いこだわりを持つといった特徴があります。

たとえば、どんなに混み合ったエレベーターの中でも、周囲におかまいなく、すべての階のボタンを押さないと気がすまないといった「兆候」です。

生活に支障を来すほどの重い障害の人から、ごく軽い人まで虹のように幅があることから「スペクトラム」といわれます。ＡＳＤの人はふつうの社会で2～5％いるとされ、障害認定を受けている人もいますし、受けていない人もいます。モーツァルト、エジソンなどもＡＳＤと考えられ、高い能力を発揮する人が少なくありません。

発達障害は、脳機能の障害によって、ＡＳＤのほか、注意欠如・多動症（ＡＤＨＤ）、学習障害（ＬＤ）・難読症などがあります。たとえば、大胆な発想で神出鬼没（しんしゅつきぼつ）の活躍をした坂本龍馬をＡＤＨＤと考える研究者がいます。難読症をカミングアウトした俳優にトム・クルーズがいます。アルファベットを完全には読みこなすことができないので、シナリオを人に読んでもらって丸暗記するそうです。

した。

一つには、E男さんの小さな失敗（ミーティング日程の調整を依頼したのに、自分の日程だけを返信するといった）を指摘するのではなく、弊社のカウンセラーに依頼して失敗を繰り返すうちに、なぜそれが失敗なのかを気づいてもらうような環境づくりをしました。

ただそれでは時間がかかるので、私はE男さんに直接聞きました。

「E男さんはとても意欲的で、事務局の手伝いを申し出てくれて助かっています」と、E男さんに「承認」のストロークを出してから「質問」に入りました。

「大切なことはプロジェクトをともに成功させようという思いなのですが、そこで各々が何をするべきか、自分自身のアンテナを高くしてほしい。そのためには、僕はどんなサポートをしたらいい？」。

E男さんは、「そういうところが自分はダメなんですよね」と、少し落ち込んでいるように見えましたが、今後は私とのコミュニケーション回数を増やしてほしいと希望しました。「気づく」ための機会を増やしたいとのことです。この面談は私とE男さんの関係にとって一歩前進でした。

レディネスで人を分ける

会社経営者から「人材育成が課題」という相談がよくあります。

人材の育成にはタイミングがあります。失敗ができない仕事の場合、それを待っている時間はありませんので、育成準備の段階にある人には挑戦できる仕事を与え、任せられるだけの準備が整っていない人材

図表3-2　レディネスの3分類

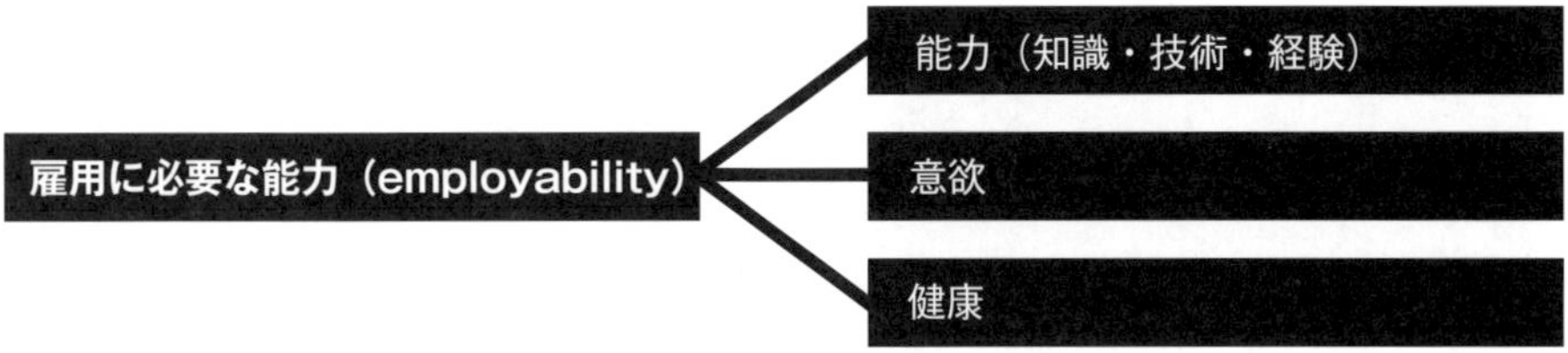

にはできることを見つけます。「その力を活用される段階によって人を分けてください」と私はいっています。つまりレディネスの高い人と低い人を分けます。これは能力の差ではなく、意欲と行動、そして価値観の相違です。

雇用されるために必要とされる能力とは、大きく3つです。

能力が高くて健康でも、意欲がなければ実力が出せません。意欲があっても知識や技術がなければ戦力とはいえません。能力、意欲とも高くても、不健康ではパフォーマンスが発揮できないのです（図表3-2）

そのうえで、それぞれの人のレディネスを、環境の改善によって高めます。上司が部下のレディネスを環境を通して高めれば、部下は自ら知識、技術を高めようとします。

レディネスは種子のようなものです。上司が、苗床をつくり、水をやり、栄養をやれば、そこから芽が出て枝が伸び、実をつけます。いきなりゴムのように伸ばそうとしても、人は育ちません。

さまざまな価値観の人がいて、さまざまな種子があると考えてください。障害のある人や外国人の雇用も増えてきました。それぞれに育て方は異なります。植物を育てることでも、苦労はありますが、その成長を見守ることは楽しいことでもあり、自分の心も養われます。

現在、多様性を認め合う社会づくりという理念は世界的な潮流になっています。

国連が提唱する「SDgs（Sustainable Development goals 持続可能な開発目標）でも、持続可能な社会とは多様性を認め合う社会とされます。

つまり、一部の人がその人たちにとって暮らしやすい社会をつくるのではなく、「誰一人とりこぼしのないユニバーサルな社会づくり」が目標とされています。

ご機嫌とりでは人は育たない

現実的な話、採用現場は売り手市場ですから、昔のように「やりたいものだけが集まれ。やりたくないものは去れ」という時代ではありません。そういう時代ではないことを思い知らされた経営者の中には、今度は、裏表を逆にして、ただスタッフを会社につなぎとめようとして、下手な「ご機嫌とり」をはじめたりする人がいます。

「ご機嫌とり」では人は育ちません。もちろん育てあう組織もできません。

さまざまな価値観を持つ人をインクルーシブ（包括的）に受け入れ、適材適所で最大のパフォーマンスを発揮してもらう方法を考える必要があります。「適材適所」の人事配置は、従来以上に重みを増しています。

それぞれに、どういうレディネスや能力があるかを見極めて配置しなければなりません。

提案書はつくれないけれど、議事録をきちんとつくる人がいます。逆に、コピーや議事録作成などを「雑務」として嫌う人もいます。そういったレディネスを客観的に評価する人事考課の見直しも最重要課題です。

目標は高いけれどレディネスが低い人の発言傾向として「職場リーダーになりたいのにこんなことをし

ていても時間のムダだ」というものがあります。不満を覚えて目前の課題の解決を後回しにします。1対1で、上司が面談すると、そういう不満がポロリと出てきます。

昔の上司なら、「いわれたことをやれ」ですむかもしれません。しかし、今は、本人に納得してもらうことで、パフォーマンスを最大化する必要があります。これは「ご機嫌とり」などではありません。もともと仕事は納得づくで取り組むほうが楽しく、効率的なのです。

このような場合、上司はこういって納得してもらったらどうでしょうか。

「リーダーはこういう書類を用意しないといけないのですが、あなたがリーダーの立場になったら、議事録、コピーを適切に用意する人ほど仕事をまかせやすいと思いませんか」。

自分が目の前にある仕事を効率的にミスなく進めることで、チームにどれだけ必要とされるかを納得してもらいます。その納得ができないと不満がたまります。

部下一人ひとりが、チームにどう貢献しているかを知ってもらうことが大切です。不得意なことを得意にすることは難しいのですが、上司が部下と面談することで問題点を明らかにし、優先順位を決めて不得意分野を乗り越えてもらいます。

上司・部下の面談や対話は非常に重要です。

人育て企業に「ノルマ」はない

「社員のモチベーションが低い」と嘆いている経営者が多くいますが、人材を育てようという意識と取り組みが重っていかないと、個々人のモチベーションは上がりません。

労務管理でいう「モチベーション」と「モラール」は、ともに「勤労意欲」を意味します。一般的にモチベーションは「動機付け」を指し、仕事の場合、「仕事に対する意欲」を意味します。これは個人的なものですので、いろいろなストレスにより変化しやすいものです。いっぽう、労務管理を行う上で、経営者、管理者などに求められるのはモラールです。

軍隊の「士気」を語源とするモラールは、組織への帰属意識、忠誠心をあらわすといわれます。モラールを高めるためには、個々人のモチベーションを知っていることが重要になります。どんな人でも入社当時の高いモチベーション、モラールは放っておくと自然に低下します。

それを回避して生産性を高めようと個人の目標を数値に置き換えて「ノルマ」とするのは古い方法です。「ノルマ」は個人に割り当てられた標準作業量ですが、社員一人ひとりによって、経験、能力、レディネス（心の準備）が異なります。一律にノルマを課すのでは人の心を摩滅《まめつ》させる危険が高く、「人育て経営」とは反対の「摩滅型経営」です。

会社が定めた目標値に対して、各部署でのKPI（重要目標指標、Key Performance Indicator）を割り振ることになります。筆者が介入する際も、これを用いますが、個人の目標数値が「期待水準」として一律に定められてもモチベーションになりにくいのです。

上司から与えられたKPIが達成できなければ、ストレスが増大します。他者と競《きそ》い、比較されること自体は、モチベーションが高い人にはパフォーマンス発揮の上で有効に働くかもしれません。しかし、競争を苦手とする人が多数を占めてきた今、これは強いストレス要因になります。しかも、円滑なコミュニケーションをゆがませます。

個人にとって「ライバル」の存在は有効ですが、上司が部下を意識的に競わせるのでは、互いに疑心暗鬼《ぎしんあんき》になり1対1のラポールが損なわれます。まして、それを強制されればモチベーションは低下します。

以前は「歯を食いしばってがんばる」という根性論が期待されましたが、それ自体が今流にいえば「ブラック思考」です。このやり方では上司・部下のラポールも築けません。ラポールの崩壊はモチベーション低下と一直線につながります。

ＫＰＩはチームで担う

現在は、価値観が多様なように、同じセクションの中でもＫＰＩは多様なものと考える必要があります。数値はもっとも比較しやすくわかりやすいのですが、人によってそれぞれの性格に合った仕事スタイルがあります。

ですから、部署の目標数値などに対して、チームで「どのように達成するか」を話し合い、個々人の能力を互いに理解しあいながら協力して達成できるようにするのが理想です。

しかし、「チームが互いを理解して･･･」などという理想に近い状態を常時つくれない場合も多いのです。

まず、上司・部下による1対1面談によって、それぞれの人にあった目標と、それを環境的にサポートする仕組みを話し合って設定し、それが達成できれば次の目標へと目標を少しずつ引き上げていきます。

もちろん、この中で話し合う個人目標には、他者へのサポート、顧客や仲間への配慮など、その人の「人的成長」につながる課題が入ります。経営数値の向上を先に話すのではなく、人間の成長を計画し、チームの相乗効果をねらった上で、会社の成長を追いかけます。

競争ではなく共創を求めるという点で以前より経営は難しくなっていますし、競争原理や採用強化で利益を上げている会社も多いのは事実です。しかし、それでは長期的には労働人口動態からみても厳しいのです。

1対1面談の目的は、個人の目標設定ですが、実際は仕事意欲の向上です。「ちょっとがんばれば達成できる」段階の目標を双方で相談しながら設定し、互いに協力することを約束します。部署ごとのKPIは「チーム共通の目標」として設定し、上司は、一人ひとりの目標達成へのプロセスを観察し、チームでのKPI達成をマネジメントします。

面談の中では、ラポールを築き、社員に自信を持ってもらい、全体の士気を高める上で、主体的・意欲的に自分が設定した目標に立ち向かう姿勢をつくってもらうことです。このスキル習得には、「模擬訓練」によるOJTや、面談実施をビデオで録画し、指導者と振り返るなどが有効です。

第四章

心の扉を開く力

～相手の心にさわやかな印象を残す

「おはようございます」は喜びの表現

「あいさつは、コミュニケーション力を磨く入り口」。誰もが聞いた言葉だと思いますが、「継続」こそ重要です。

最近、筆者が感じる課題の一つに「あいさつ」があります。あいさつがほとんどない職場が多いのです。というより、あいさつの意味合いを考えたことがない人が多いのです。

デジタル通信社会になり、対人コミュニケーションが減って、あいさつも簡素化されたようです。「あいさつなんかばかばかしい」と思うのかもしれませんが、あいさつは、心のゆとりから生まれます。あるいはあいさつをすることで心のゆとりが生まれます。

あいさつは、身だしなみと同じです。職場で、他者からどう見られたいかを意識しなくなると、あいさつがなくなります。あいさつは身だしなみ、化粧のようなものです。あいさつがないのは、朝、顔をあらわないのと似ています。

朝、人の顔をみてあいさつするのはめんどうかもしれませんが、あいさつは、他者と心を通じ合わせる重要な手段です。

「選ばれる会社」には、相手を大切にする、気持ちのよいあいさつが必ずあります。

あいさつは、自分の心を開いて、他者の心の扉をノックすることです。勇気とパワーが必要です。とくに相手が無愛想だったり、気が合わないと、さらにパワーが必要になります。「相手があいさつしないのに、こっちがあいさつするのはどうなんだろう」と考えると、自分の心と生きる世界をどんどん狭くしてしまいます。相手の心の狭さに自分も合わせることになります。

筆者がおもてなしの接遇研修をはじめたのは数年前のことです。多くの会社や介護施設を回りながらわかったことですが、**人と人の間の関係が実利的で希薄になることは、単に職場の雰囲気を悪くするだけではなく、組織そのものの機能を衰えさせます。**基本的な職場マナーの不足は、周囲に無用な摩擦を起こし、コミュニケーションを阻害します。

辞典で調べると、「おはようございます」は、「朝、早くからご苦労様」という労《ねぎら》いの意味だそうです。若いころ、尊敬する上司から学んだことが今でも強く印象に残っています。「おはようございます」とは、「朝日がのぼるさま、お早いさま」と「あなたといっしょ」という意味の掛け合わせで、朝日がのぼるのをいっしょにみて、今日、生きていることを喜びあうことだ、というのです。

「おはようございます」がいつごろはじまったあいさつかわかりませんが、千年以上前の平均寿命が30歳に届かなかった時代、人の命ははかないもので、朝をともに生きて迎えられるのは喜ぶべきことだったのかもしれません。

高齢者介護施設でも、昨日元気だった方が今日も元気だとは限りません。私は「わぁー、○○さん！おはようございます。元気でしたか!!」と、再会の喜びを力いっぱい伝えます。相手によっては「大げさだなぁ」と思うかもしれませんが、不快そうではありません。人によっては顔を上げて笑顔で迎えてくれます。

あいさつには気持ちをこめたいものです。

ビジネスには必ず必要なものではないでしょうか。

「ほうれんそう」より「そうれんほう」

あいさつができていない会社では、「ホウレンソウ」（報告、連絡、相談）が不足していると思うことがあります。ちょっとしたことを上司に報告するのにもパワーが必要ですが、朝のあいさつがとれていると、自然に報告がしやすくなります。

「ホウレンソウ」は日常業務に最低限必要なものですが、筆者は風通しのいい組織をつくるために、「そう・れん・ほう」（相・連・報）の強化を奨励しています。とくに、新人には大切です。

新人が、早く職場に慣れるためには、1対1面談、「メンター制度」（後述）などを活用しますが、**一定期間が過ぎ、巣離れするようになると、「そうれんほう、相連報」がすぐ役立ちます。一にも二にもまず「相談」、次に同僚への「根回し」（連絡）、最後に結果を「報告」です。**

ある程度、仕事に慣れてきて、「自分はこういうことをやりたい」「こういうふうにこの問題を解決したい」ということを、積極的に上司や数人の仲間に相談するのはいいことです。上司はそういう相談を受け入れる雰囲気づくりをする必要があります。

というのは、このあたりから自我が出てきて期待と現実の「ずれ」にジレンマ（葛藤）や疑問を感じるようになるからです。「ずれ」は起こってとうぜんです。リーダーはこれを正面から引き受けなければいけません。適当にはぐらかしてはラポールは生まれません。「いっしょに考える」というスタンスが重要です。

1970年代の米国で提唱したリーダーシップ論に、「シチュエーショナル・リーダーシップ（状況に

図表 4-1　状況に対応したリーダーシップ（ＳＬ理論）

教示的リーダーシップ（S1）
新人社員などのレディネス（D1）は、とうぜん最初は成熟度は低いのですが、熱意がある部下には仕事のゴールを明示するとともに具体的な仕事内容を指示し、事細かなＯＪＴを行うことで安心して仕事ができるようにします。

説得型リーダーシップ（S2）
成熟してくると（D2）慣れが生じます。このような部下や後輩にはコミュニケーションを密に行い、質問を投げかけたり、自分の考えを説得して教えたりするコーチング型リーダーシップを行います。

参加型リーダーシップ（S3）
能力が上がってきても（D3）、熱意やレディネスが低い部下や後輩、また自分で意思決定できない場合などがあれば、ほめたり、意見を求めたりして自信を付けさせ、主体性を持てるようにします。

委任型リーダーシップ（S4）
業務遂行能力や仕事に対しての熱意があり（D4）、自信を持っている部下や後輩に対しては、困った時にアドバイスできる関係を維持しながら「任せる」ということで承認します。失敗があれば、それをサポートし、振り返りを行うことも大切です。

図表 4-2　場面に応じたリーダーシップ（Situational Leadership 理論）

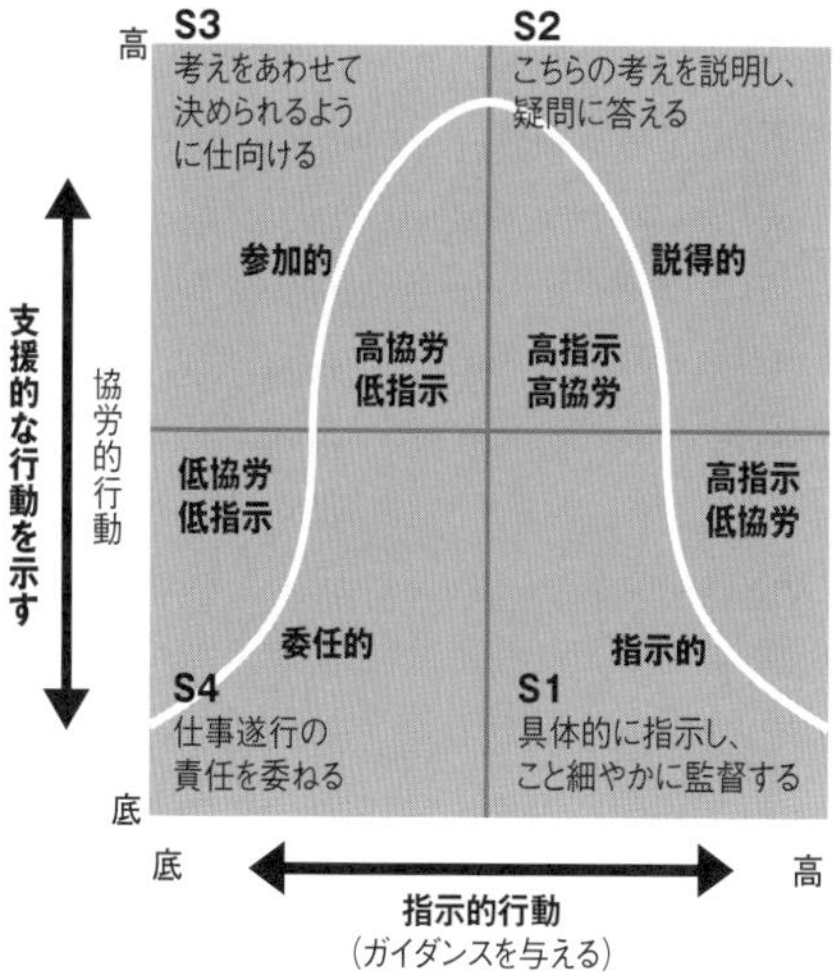

S4	S3	S2	S1
好ましいリーダー行動			
部下のレディネス			
D4	D3	D2	D1
高い適正能力	高から中程度の適正能力	ある程度の適正能力	低い適性能力
高いやる気	むらのあるやる気	低いやる気	高いやる気

対応したリーダーシップ、SK理論）」というものがあります（図表4-1、4-2）。

リーダーシップはこうあるべき、という単一モデルと異なり、フォロワー一人ひとりの成熟度や状況によってリーダーシップのとり方を変える必要を説いています。リーダーシップとはいってみれば「相談を受ける姿勢」なのです。

そう・れん・ほうで企画力をつける

新人が、相談によって得た経験者の助言は、自分の経験となり、自信をつける速度が上がります。

新人にも役割があります。相談によって得られた情報を、周囲の先輩や同僚に伝え（連絡）、実行に移したときは、その所感や感謝を踏まえて相談者に伝えること（報告）です。この「そう・れん・ほう」こそ、対人コミュニケーションスキルの習得に欠かせません。

また、「**そう・れん・ほう**」は、企画実現の手順でもあります。

若手社員が経営への参画意識を持つには、「このような企画をどう思うか簡単にレポートしてみないか」などの働きかけ（外発的動機付け）が大切です。そのようにして「マーケティングとは何か」「企画とは何か」を自得していきます。

仕事意欲が高く成功している人は、リーダーに相談して、「この方向ならよさそうだ」という感触が得られたら、正式に企画を練り、趣旨を同僚に伝え（「根回し」ですね）、会議で報告するといった手順を大切にします。

日本社会では根回しを怠ると、なかなか組織を動かせません。誰かを排斥するような陰気で子どもっぽい根回しもありますが、健全な企画提案をするのに周囲の人と話し合うのは大切なことです。

作業手順としての「ホウレンソウ」も重要です。ふだんのコミュニケーション不足は「ホウレンソウ不足」に反映され、トラブルの原因になります。

ふだんのコミュニケーションが十分とれていれば、どうでもいいことまで報告しなくなります。枝葉末節《しようまつせつ》が切り捨てられ、重要事項だけが伝達されます。「報告、連絡がない」といって部下を叱責する前に、そのような環境をつくっていないか、あるいは組織のシステムに問題はないかを総点検する必要があります。報告・連絡の不足を嘆くリーダーは、むしろ「相談がない」ことを悩み、解決する方策を考える必要があります。とくに、現在の若者が苦手とする相談機会を増やすことが重要です。

相手との距離をとることも大切

さまざまな会社や事業所でビジネスマナー研修をしていると、肝心の上司が実践していないケースがあります。

上長が率先しなければ、部下も上司の腹の中を読んで、ビジネスマナーなんて右耳から左耳に素通りさせてしまいます。これでは研修時間も費用もドブに捨てるだけでなく、上長の「やっていること」と「言っていること」の「裏腹」感が職場に浸透して、全体の士気が下がり、雰囲気がかえって悪くなります。

たとえば、私が応接室に通されて、部長が、隣にいる課長に、「あれはどうした?」と尋ねても、課長は、「えっ、何ですか?」というような、ちぐはぐな会話を目にします。年齢が上がるほどボキャブラリーが増えるいっぽうで、「あれ」「これ」といった代名詞が増加します。ふだんのコミュニケーションが円滑なら、即座に適切な反応があってほしいところです。

もちろん、かたちだけマナーを覚えても仕方ありません。マナーの背後にある意味を読み取ることが大切です。マナーは、人と人を結びつける結節点《けっせつてん》であるとともに、人と人の適切な距離を保つ方法でもあります。「ラポール」を形成する最初の入り口でもあります。

親密な人間関係にも、ごく自然な距離感があります。「パーソナル・スペース」といわれる対人距離は、相手と自分の腕を伸ばしたとき、互いに重ならない程度からはじめます。**適切な距離感がわからないか、わかっているつもりになっていると、コミュニケーションが空回りしてしまいます。**今、問題になっている「パワハラ」「セクハラ」も、同じ言葉や態度によって一律に引き起こされるものではなく、状況に応じて起こります。

男性上司が部下の女性に、「少し運動したほうがいいよ」は、場面によってはセクハラにもなり、相手の受け止め方によっては適切な助言にもなります。

この距離感はなかなか判断が難しいものがあります。「何を言ってもパワハラと言われる気がして、もう何も話せない」という上長にもよく会います。基本マナーは、身だしなみと同様、他者への敬意であるとともに、自分の尊厳を守る盾《たて》にもなります。積極的に対話に挑戦し、自分にも、相手にもその場にあった会話を楽しむ作法を身につけてほしいと思います。

「おもてなし」の心が自然発生する

人間の印象は、初対面で大きく決まると言われます。

いろいろな会社や事業所を訪問していると、その職場の雰囲気が、小さな会話や動作の中に見えてきます。自然な笑顔や親しみのある雰囲気は、外から入ってきた者にとっても、中にいる者にとっても心地よいものです。訪問者は、心の緊張が解け、何か声をかけてみたいという気持ちになります。利用者やその家族であれば安心感をもてます。

私の小さな会社では、取り決めたわけではありませんが、いつの間にか、お客様が帰るとき、直接面識のない社員でも全員で見送るようになりました。誰かが自分のお客様にそうされたときうれしかったという気持ちが連鎖したのだと思います。私も自然にその習慣にしたがうようになりました。よくは知らない人でも、出会いを尊重するという「一期一会《いちごいちえ》」を実感できて楽しいひとときです。

新潟の長岡にある介護施設では、私が見学するとき、窓の向こうにいた事務職員が全員立ち上がって、窓口越しに私に頭を下げてあいさつしてくれました。私はちょっと感激しました。尋ねてみると法人の取り決めではないそうです。こういうことを強制すると、わざとらしくなったり、面倒くさそうに立ち上がるのを見るとかえって見苦しくなります。

大事なのは、かたちではなく、その気持ちなのです。**職場などでスタッフの気持ちが大事にされていれば、自然発生的におもてなしの心がかたちになります。職場内の人間関係がなごやかにまとまっている証拠です。**

笑顔、承認が相手の心をオープンにする

一般的なあいさつ言葉は、朝は「おはようございます」、帰るときには、「お先に失礼します」、昼間のあいさつは「お疲れ様」でしょうか。

「お疲れ様」は、「あなた様もお疲れになったことでしょう」という、ねぎらいや敬意を表す意味であろうと思います。一般に、目上の人には「お疲れ様」、目下の人には「ご苦労様」というのが礼儀とされます。それならば誰に対しても「お疲れ様」とあいさつすればよさそうに思います。

上司は、言葉だけではなく、「資料作成ありがとう」と素直な気持ちで、手を差し伸べるように伝えるほうが、より心が通じることがあります。

表情や身体全体で、相手の心の扉をノックします。自分が相手からそうされたらどうか、と常に考えることが大切です。

同じ「おはようございます」でも、ぶっきらぼうにいわれるより、笑顔でいわれるほうが、相手の心がすっと心の中に染み通るように感じられて気持ちよくなります。

スキンシップは、相手の身体に触れることで親密感をアップさせる働きかけですが、笑顔にも同じくらいの効果があります。相手が無愛想な人であろうと、こちらの心が開いていることを示せば、相手の心の中に笑顔がいやでも残ります。

これは相手に絶対に悪い印象を与えません。社会生活を円滑にし、自分が生きやすくなるためにとても有効な手段です。しかし、言葉を添えずに、ただへらへら笑うだけでは不足です。相手を重んじ、気づかっ

ていることを心と体であらわしたいものです。

笑顔のあいさつに加えて、ひとこと、相手の顔色をみて、「〇〇さん、元気ですか」と付けくわえてみても相手の反応は違うと思います。そのときに応じた言葉かけで相手への気づかいを示すことができます。

笑顔のほか、声の大きさや抑揚も大切です。自分があいさつされて、「気持ちがいいな」と感じたものをまねてみると（モデリング）、それらが全体で相手の心に働きかけます。

もっと相手の心の中に飛び込むには、その人のワンポイントをほめることです。その人の行動、言葉、しぐさ、洋服のセンスなどをほめます。わざとらしくない程度に相手のよいところをほめると、相手の心が大きく開きます。

人は誰でも他者から自分の存在やあり方を「承認されたい」という「承認欲求」をもっています。社会生活の中で、承認が少なければそれだけで心は萎縮《いしゅく》します。逆に承認が多くあれば心に余裕ができます。

上司は、ふだんから、部下をよく観察してほめる言葉を探すように心がけます。コピーしてもらったら、礼とともに、「いつもありがとう」「助かります」「いつも頼りにしてます」などと「承認」のサインを出します。

セルフケアの勧め

あいさつや承認を行うには、自分のストレスをコントロールする必要があります。自分の心が枯れている状態で、相手を尊重するということはかなりのエネルギーが必要で、非常に苦しいことです。

「セルフケア」とは、自分を管理し、自発的に行う自己節制的な行為（機能）をいいます。簡単に言うと、

図表 4-3　生産性向上のキーは、従業員コンディションを「最適なパフォーマンス」に整えること

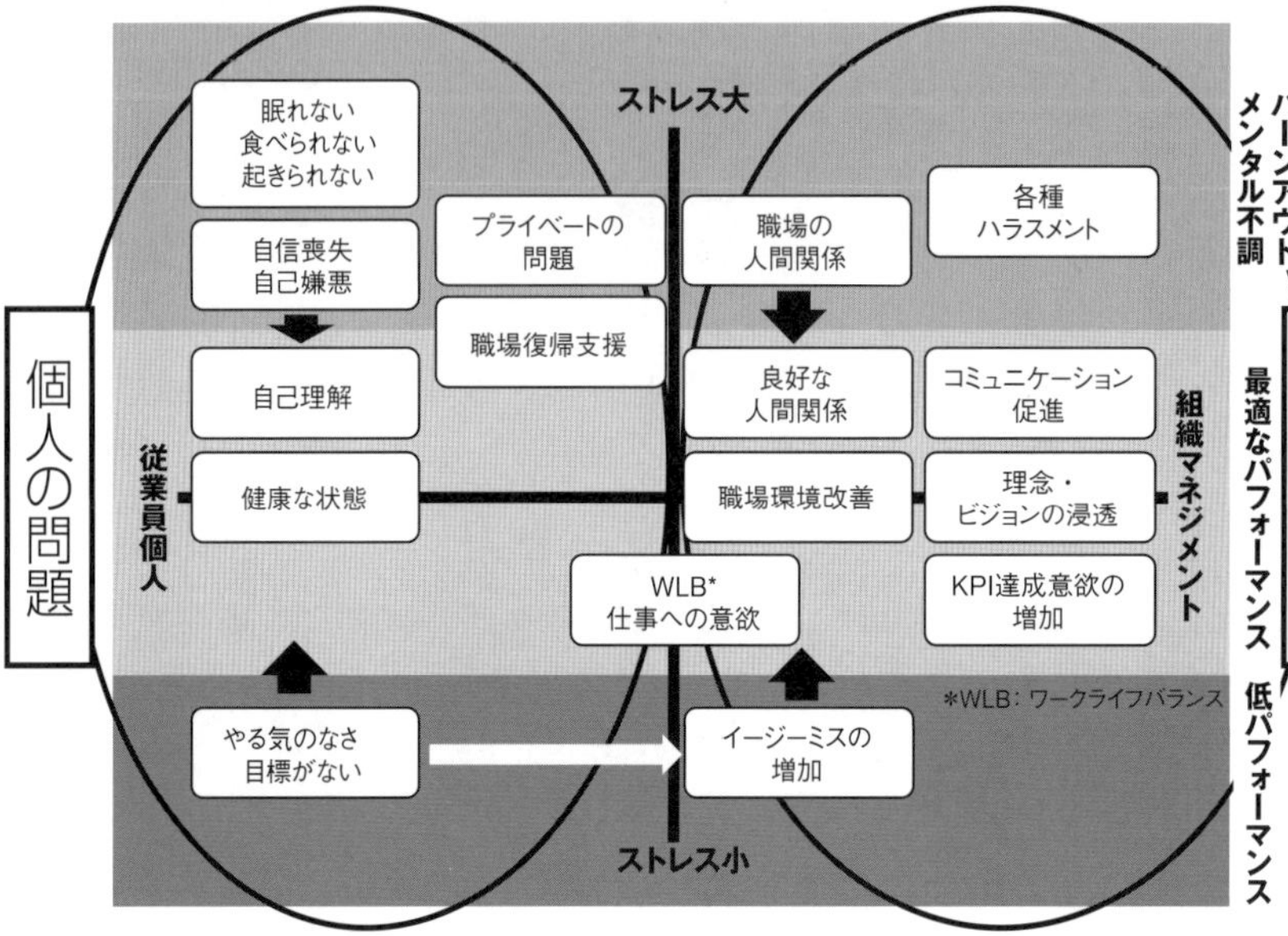

ドットソンの法則から作成

自分自身の世話をする、面倒を見ることです。

メンタルヘルス（心の健康）を保つことは、「最適なパフォーマンスを発揮する」ために重要です。パフォーマンスはストレスとの関係で発揮されます。

ストレスが少な過ぎると無関心だったり、やる気にもなれないので「イージー・ミス」が連発します。いっぽうで自分にストレスをかけ過ぎたり、他者からのストレスを強く感じれば、「眠れない」「起きられない」「食べられない」といった身体状態に影響が出たり、自信喪失につながります。長引けば「バーンアウト（燃え尽き症候群）」します。

職場でベストパフォーマンスを創り出すためにはセルフケア方法を自分なりに工夫して、「適度なストレス」を自分自身にかけます。たとえば「この仕事を何時までに達成しよう」など自分に言い聞かせたり、介護では「昼までに5人の利用者を笑顔にしよう」と決めることです。

他者を承認したり、素直な自分を保つためにもセルフケアの実践は大切です。また、会社としては、個人のセルフケアを可能な限り支援します。図表4―3は、社員のコンディションのあり方を、「会社の問題」「個人の問題」に分けてイメージ化したものです。

ほめて徳とれ

心は、筋肉と同じで、何もしなければ萎縮しますが、相手をほめたり、喜ばせると、相手の心だけではなく、自分の心ものびのびと広がります。

大脳生理学では、相手を「きれい」とほめると、脳は、自分のことと相手のことの区別がつかないので、「自分はきれいだ」と思い込むのだそうです。つまり、他者のよいところをほめることは、自分をほめることにもつながるようです。これは「ほめ徳」であり、「ほめ得《どく》」です。

ところが、筆者が行うコミュニケーション研修で、2人一組にして、「相手を3分間ほめてください」といっても、たいていは2分も持ちません。途中で言葉がつきてしまう。日ごろ、相手のよいところを見ようとしていなければ、3分間も人をほめるのは至難の業です。日本人は他者をほめることに慣れていませんし、ましてよく知らない相手をほめるのが苦手です。

ですから、人をほめるには練習が必要です。「おべっか」ではいけないのです。ほんとうに、相手のよいところを観察して、適宜《てきぎ》ほめるチャンスをうかがいます。

あるとき、私は、先輩といっしょに地方の喫茶店に入って、ウェイトレスをほめまくり、同伴した先輩からあきれられたことがあります。もちろんウェイトレスが美人であったからだけではありません。彼女のふるまい、接客のタイミング、態度、身だしなみ、歩き方など、実際に感心したからです。

3分ほめることが簡単だとはいいませんが、適切にほめると、相手の心が喜んでいることが伝わります。笑顔を隠しきれなくなる。このときもウェイトレスの表情に笑顔が溢《あふ》れていました。私の言葉で半日くらい気分よく過ごすことができたかもしれませんし、もっと接客方法や身だしなみを工夫しようと思ったかもしれません。自分の歩く姿勢を鏡に写して、歩く姿勢を意識して整えるようになったかもしれません。

私のほめ言葉が同伴者をあきれさせるほどだったのに、ウェイトレスは自然に受け止めてくれました。**脇から見ると不自然なほどでも、ほめられた人にとっては不自然ではないのです。人間は、適切な「ほめシャワー」なら、いくら浴びてもいいようです。この「誤差」は覚えておいてもいいのではないでしょうか。**

相手の美点を見つけ、適材適所へ

これはファミリーレストランでの話ですが、ウェイターのあまりに見事な接客方法に感心したことがあります。

大騒ぎして、ちょっと「うるさいな」と思っていた二十歳前後のヤンチャな若者たちのテーブルを、そのウェイターは遠くから見守っていて、あるとき、スッと水を配って何もいわずに食べ終わった皿を回収しました。若者たちは、ごく自然に会話を続け、ウェイターは自然に引き上げていきました。何気ないことなのに絶妙なタイミングでした。

筆者は、その若いウェイターを呼んで、その身のこなしを、どうして身につけたのか尋ねないわけにいきませんでした。彼は大学を出て呉服商に就職したけれど、会社が倒産したため、しばらく学生時代に世話になったファミレスでアルバイトをしているといいます。仕事が見つからなければ、このままファミレスでマネジャーになるつもりだというので、ファミレスのマネジャーになる前に、介護施設でマネジャーにならないですか、と交渉をはじめました。彼は、10年後に施設長として活躍しているそうです。

相手のよいところを見つけることは、スタッフの適材適所を見分けることにもつながります。逆にいえば、相手の得意とするところを見分けられなければ、人材の適材適所を実現することができません。

実際に、常に、相手のよいところをほめる練習をしていると、他者のよいところが目に飛び込んできます。自分はどうだろう、という振り返りにもなります。

ちょっとした相手の言葉や動作を、「美しいなあ」とか「よいなあ」と感心することができれば生活がもっと楽しくなります。何事もない出会いを楽しみ、相手を尊敬するという姿勢は、茶道でいう「一期一会」にも通じると思います。

承認し、ほめることは双方にとって「とく」なのです。であれば、ほめなければソンです。十分に相手を理解しようとして､適切に素敵なところをほめます。ただし､男性はセクハラに注意してください。｢美人｣「かわいい」「いろっぽい」など外見的なものをほめるのは、頭を使わなくても誰にでもできますが、相手の小さな長所を探し出すことは、頭をフル回転させないとできません。

第五章

相談力を養う
～相談することでステップアップする

「相談」で、鮭の滝登り

第二章で紹介した「100件作戦」のように、命令に従うことに疑問を生じたり、命令を遂行しながら矛盾を感じた場合はどうしたらいいでしょうか。

上からの指示内容は「下達《かたつ》する」といいますが、上に向かって自分の意思を伝える場合は「上達《じょうたつ》」といいます。

スタッフや中間管理職が、意見を上達させるには、「鮭の滝登り」のように少し骨が折れるかもしれません。へたに意見を述べると、上司は体面をけがされたと思って感情を害することもあります。あるいは「弁解するな」「やらないうちに、できないというな」といって怒り出すかもしれません。

たとえば、「月100件訪問」という指示が上層部から下りてきたとき、中間層はそのまま部下に伝えるのではなく、確認作業を行う必要があります。

そのとき、「それはおかしいです」とか、「ただ100人に会っても意味はありません」と反論するのではなく、その指示によって何が得られるのか上司に「相談」や「確認」をして、上司の想像力にうったえます。

たとえば、営業で上司から「100件回って来い」と言われたら、「わかりました」と、一度受け入れてから（この「承認」という手続きは、部下へも上司へも同じです）、「その場合、どのくらいの受注を見込めばよろしいでしょうか」と相談するのはどうでしょうか。

「このくらいの売り上げは担保したいね」という答えが返ってきたら、その数字から「営業目標100

件で、受注○○達成をめざす」という作戦を立てることができます。

「100人に会う」というのは抽象的で目的がはっきりしませんが、「受注」は具体的な仕事です。まさか、「100件回って100件受注しろ」とはいわないでしょうから上司も考えるはずです。「精神的な話だ」と、この時点ではっきりするかもしれません。

「自分の知識が不足しているかもしれませんが、これでいいのですね」という姿勢で受け答えします。要は、相手に、自分の指示内容の是非を確認する余裕を持ってもらうことです。そのうえで矛盾に気づいてもらいます。

滝登りの「上達」も、「承認」→「質問」→「気づき」（気づかせ）の順であることは変わりありません。よくないのは、中間管理職やスタッフが、「役員が100件回れといっているからやるしかない。上は現場をわかっていない」と、グチるだけで終わってしまうことです。

上司に相談を持ちかけるとき、一度相手の言うことを受容しても、いきなり、矛盾を指摘すると、角《かど》が立ち、「つーかー」のパートナーシップが築けない可能性があります。

先述のように、リーダーには「リーダーシップ（まとめる側の姿勢）」が必要なように、部下には「フォロワーシップ（まとめられる側の姿勢）」が必要です。フォロワーシップは、ただ上のいうことに従うだけではなく、主体的にかみ砕き、矛盾点などは上手に上司に相談しながら間違いを修正していきます。もちろんフォロワーからも提案を出します。

「下達」も「上達」も技術が必要です。相手を思いやり、承認し、質問し、気づいてもらうことで、ミッションや問題を「わがこと」と感じてもらいます。

これがないとコミュニケーションがさびつき、システムが思うように動かなくなります。

相談は能力開発の機会

初心者に仕事を教える人は、報告と連絡は徹底するようにいいますが、「相談」については「何かわからないことがあったら聞いてね」という程度です。初心者には、「何がわからないのかわからない」ということがあります。上司と部下の間で知識の差があると、何がわからないのか気付かないので、「相談」の機会やタイミングについて、あまり言及しません。しかし、相談こそ人を育てるもっとも重要な機会です。今、「相談」ができない部下、あるいは「相談」を受けないことを悩む上司が多いのです。筆者は、「相談がない」という悩みを相談されることがよくあります。

相談は、組織がダイナミズムを発揮するためのテコになります。相談は、お互いが尊敬しあい、その人の意見を聞くことで何か得られるという信頼関係がなければできません。新人もベテランも積極的に相談するべきです。相談相手を探し、社内でも社外でも能力のある人なら思い切って飛び込みます。

相談に乗る側も、知識や経験を言語化するというトレーニングになります。たとえば、チーム内で、いくら考えても売り上げが伸びない、考えれば考えるほどチームは疲弊《ひへい》するだけで袋小路に入ってしまった。そういうとき、誰でもいいから、この人なら答えがあるかもしれない、少なくともヒントをもらえるかもしれない、と思ったら相談に行く勇気が必要です。

相談にはパワーがいります。体面を失うかもしれないという恐れもあります。でも、みんなで疲弊していても仕方ありません。**打開策を第三者に求める勇気を振り絞ります。第三者が別の誰かを紹介してくれるかもしれません。**

筆者も、相談する・される機会を大切にしています。相談は筆者に対してはもちろん、別の会社の人でも、課題を整理して、ある程度のイメージを固めたら相談に行くことをすすめます。

とくに高い目標をめざしている人は、誰かに相談することで、複雑な問題点を整理することができます。たとえ直接的な知恵が得られなくても、誰かに相談することで、気づき、振り返りのチャンスになり、思考のペースメーカーになります。

上司としても、部下に課題を与えたあと、どのタイミングで声をかけるか迷っているときがあります。部下に、小さなゴールを設定しながら、だんだん高いゴールに行き着くように見守っている上司もいます。ただ思い悩んでいても仕方ありません。他人の知識をかりることは、「相談力」という重要な能力です。

「相談機会」を増やす

ところが相談を嫌う人が少なくありません。最近では、通信機能を駆使して、社内でも、なるべく対人接触を避ける傾向があります。そのほうが緊張が少ないということも理由です。とくにネガティブな情報の受け渡しはメールで行うことで、不安や緊張といったハードルを下げることができます。辞表をＳＮＳで伝えるという話も笑いごとではありません。

情報はネットにあふれていますから、人に会わなくても情報には不自由しないという気持ちもあります。ですから、どんどん相談が苦手になっています。

上司から難しい企画提案を求められても、自分の発想や能力だけで完成させたいと思います。

途中で、上司とすれちがったときなどに、「なんで相談に来ないのか」と聞かれると、あわてて「頭の中で、ある程度かたまってきたので大丈夫です」と答えたりします。

自分の知識と経験の中だけで何とかしようと思うのですが、企画力を養いたいなら、パワーを出して、いろいろな人に会うというのも方法の一つです。**いろいろな人に相談するうちに新しいアイデアが浮かび、次のステップに進むことができます。多様な価値観を取り入れることで、自分のひらめきがバージョンアップします。**

古く凝り固まったアイデアを壊し、新しいアイデアへとつくりかえていくことを、哲学で「弁証法」というそうです。本などで知識を得ることも大切ですが、他者の経験から学ぶことで、弁証法的に価値観の間口《まぐち》を広げていくことができます。それには、「そんなこともわからないのか」と、ばかにされてもいい、という気がまえが必要です。それも経験として、自分のものにすることです。

いっぽう、上司は、部下に「相談しろ」といいながら、相談に来た部下に対して、情報を出し惜しみすると、自分にも情報が入ってきません。情報を取り入れあうことで、さらに新しい次元に進むことができます。また、「相談の仕方が悪い」「そんなことは自分で考えろ」と言ってしまっては、もう誰も相談には来ません。相談の芽を摘み取り、相談できない組織を自らつくってしまいます。

自分の限界がわかる、ということはそれだけで一つの成果です。相談に来た部下がいたら、相談に来たことを喜び、「相談」の機会を育てます。よい機会だと思って、相手に、「気づき」の種をまきましょう。ここで自分の意見を押しつけてしまっては、やはり相談の芽を摘み取ってしまいます。相談は、するほうもされるほうも、他者を受け入れ、互いが成長する大切な機会です。

認知症状を持つ人に相談する

私は、認知症状を持つ人にもいろいろ相談して、問題解決の糸口を見つけることが少なくありませんでした。

ある認知症対応型のグループホームでは、つい数分前のことを忘れてしまう「近時記憶障害」のF子さんの対応に悩まされていました。

記憶障害のほかには、F子さんは常にきちんとしていて言葉づかいも丁寧です（のちにレビー小体型認知症であることがわかりました）。問題は、周囲に進行したアルツハイマー型認知症の人がいて、食べこぼしなどの不潔行為をF子さんが許せないことです。

F子さんは、ストレスがたまってスタッフにあたり、周囲の人にもきついことをいいます。スタッフは、認知症の軽いF子さんに意識を向けるあまり、振り回され、自分たちもストレスがたまっていきました。

スタッフはF子さんと仲良くしているのですが、ゆっくり話す時間がないことから、F子さんがグチをこぼす相手はもっぱら家族でした。家族は、「がまんしろよ」といって励ますしかなく、家族にとってもストレスで、ストレスの連鎖です。

担当者からの相談で、私がF子さんの話を聞くことになりました。

あいさつから自己紹介、そしてF子さんへの関心を示しながら、互いにリラックスした時間が流れました。

私が、「F子さんもイライラすることがあると思うのですが、少しでもお力になれればと思ってお話に来たんです」と言うと、少しだけ目線が斜め下に動きました。これは内面で対話をしているサインです。「この人に話をしてもいいのかしら」という自問でしょうか。

それからさまざまな楽しかった思い出や家族のことについて語り出しました。

私が、「F子さん、介護保険では施設を選んで契約することができます。他の方とあわなかったり、施設への不満があれば、別の場所を探すことも可能ですが、いかがですか」と聞くと、F子さんは、いろいろとグチをこぼしながらも、「ここが気に入っている。ここを出たくない」と言います。

F子さんは、夫に早く死なれたこと、よい子どもに恵まれたこと、病院を転々としたこと、子どもが見つけたこの施設にやっと落ち着いたことなどを話してくれました。

私は、ふとこう聞いてみました。

「私たちがF子さんと一緒に生活をしていく上で、答えたくなければ答えなくてもよいのですが・・・」と前置きをして、「ここで、どのように亡くなりたいですか」と質問しました。死の話題はタブーではありません。むしろ施設の入居者はいつも考えています。

「ポックリ死んで、夫のもとに行きたいわ」とF子さんは答えました。

「ポックリ行くためにはF子さんにお願いがあります」と私。「がまんしながら生活していては、ポックり死ぬことはできません。それでは残された人がつらくなります。毎日を楽しく生きてください。そうすればポックリ死ねますよ」。

30分ほどの会話でしたが、Ｆ子さんの表情が晴れたようでした。

介護スタッフは、こんなことを彼女から聞いたことがありませんでした。介護の現場では、入居者と30分間話す余裕をつくるのが難しいのです。

介護は、基本的に「1対1」で行われるものですが、介護保険制度のもとではなかなか1対1の時間をとるのが難しく、意識的には「1対多」になります。

入居者は、「ここで何をするか」を自分で判断することが難しい状況ですので、寄りそって話してくれる相手を待っています。しかし、介護者は忙しいので、あまり長時間つかまらないようにしたり、声かけができないことがあります。

これでは介護の原則からは外れてしまいます。時間内にさまざまな準備やケアを行う必要があるので、「わかってはいるけれど」という介護者のつらい気持ちがあり、ここに大きなひずみが生まれます。介護報酬が徐々に減らされ、経営的には人件費を抑えなくてはならず、手厚い人員を置くことが難しい状況です。これによって、とくに認知症の人の多くは、不安や孤独を感じています。記憶障害の程度に応じ、適宜対応できないと、孤独感から不安を強め、徘徊、大声などのＢＰＳＤ（周辺症状）を生じやすくなります。

その日勤務している介護者の全員がＦ子さんと30分話をすることはできませんが、チームで話し合って時間を融通しあうことはできます。Ｆ子さんと気の合う介護者に、別のスタッフが、「私がここをみるから、Ｆ子さんと話しておいでよ」といった連携プレーをします。

相手をリスペクトするとは、その人の真心に頼ることです。たとえ、言葉でわからなくても、その姿勢は相手に通じます。認知症の人はより感性が繊細になっています。自分がさげすまれることを恐れ、不安に感じています。承認と尊敬を求めているのは認知症の人も同じです。あるいはもっと強いのかもしれません。

問題を一人で抱え込まない

組織内で問題が生じたとき、一人で抱え込まないで、上司だけでなく、部下にも相談しましょう。**部下に相談したらラポール（信頼関係）がなくなると考えるのは誤りです。それでなくなるようなラポールなら、はじめからないのです。**

中間管理職は、上からも下からも緊張を強いられています。自分だけが努力し、苦労していると思ったり、不公平だと思うこともあります。部下は自分本位に仕事をしていると考えて、感情的になりイライラしてくる。相手に期待することが大きければ大きいほどイライラはつのります。だからといって何も期待しないのは誤りです。

イライラを口実に、自分の感情を爆発させて、大声を出しても何も生まれません。逆に感情を押し殺して我慢を続けても何も変わりません。

ですから、「自分は、こういう期待をあなたにしている」と相手に率直に伝えます。

たとえば、部下が同じ間違いを繰り返す、先日、教えたばかりなのにまた同じ間違いを犯している。そんなとき、自分の伝え方が悪いのか、相手に問題があるのか、あるいは両方かもしれません。

そういう場合、悪いのは自分ではないか、とまず考えます。それが大人としての上司の態度です。これも「承認」の変形です。

「説明が悪かったと思う。ごめん。先日、こういうふうにやってほしいと伝えたんだ」。

ここで重要なことは、間違いを指摘することではありません。自分が相手に期待していることを伝え、また期待した内容を明確にすることです。どちらが悪いかを明確にすることはさほど重要なことではありません。同じことを繰り返さないことが重要です。

部下のほうも上司に対して期待することがあるかもしれません。

たとえば、「仕事の決まりごとは早めにいってほしかった」「上で何が決まったか具体的に教えてほしかった」など、上長にしかできないことを部下は期待しています。

リーダーは、フォロワーに対して、情報とその意味や理由を早く正確に伝えることで、自分たちの仕事の手順、対策などを立てることができます。理由もわからず急に仕事を与えられ、「さあ動け」といわれたら、不満しかありません。

また逆に、リーダーがなかなか要求通りにしてくれないとき、フォロワーは、「先日いったじゃないですか」と責めても効果はありません。上司の説明がいつも遅れるようなら、否定ではなく、質問によって、感情を含まずに催促します。

「この間、相談した件ですけれど、準備などをするために、次はいつくらいに決まるか、確認させてもらっても宜しいですか」と相談すれば、「そうだね」とリーダーとして何をしなければならないかを感じることができると思います。

期待のずれ、理解のずれは、黙っていてもいけないいし、そのままドッジボールのように相手に投げてもいけない。相手の心を傷つけないようなキャッチボールをイメージします。そのような態度で相手に接しているうちに、相手も態度を変えるようになります。

こちらが鎧《よろい》をつけて槍を構えると、相手も堅くなって武装します。こちらはパンツ一枚で、とはいいませんが、想像力という「魔法の杖」を持って素直に向きあいます。

会社では、お互いが1対1のラポールを築けることを目的にコミュニケーションをはかることで、仕事が円滑になり、自分を取り巻く環境を快適にすることができます。

「質問力」を養う

スタッフ一人ひとりが、仕事を楽しくしたい、もっと専門性を身につけたい、人間として成長したいという気持ちをふくらませられるような仕事を創造することが、「育てあう」企業のあり方です。

介護事業であれば、利用者を喜ばせる付加価値のあるサービスをその場その場で創ることができます。介護は共創的な仕事です。だから感動があり、面白くもあります。

最近のように離職率が高まり、人材市場が狭まっているときは、どの会社でもホスピタリティ（人を迎え入れる心）の意義は大きくなります。

高いホスピタリティとは、ただ「優しい」ということではありません。リーダーシップにも共通しますが、他者を観察する眼を養うことでもあります。

筆者は、ときどき人に「怖がられる」ことがあります。鋭く、キレのある質問で怖がられるのであればいいのですが、それより、筆者から、「それはどういう意味でしょう？」「これをどう考えますか」と質問されるうちに、「裸の自分と向きあわされる」というのです。そう感じさせる程度では努力が足りないと反省もしますが、本来「インタビュー」とは、「互いに相手を見ること」だそうです。

インタビューは、ジャーナリストの仕事のように考えられているかもしれません。しかし、「問いかける」とは、ただ、相手の心の中を知る行為というだけではなく、自分の心の中をものぞく行為です。自分の心の中と照らし合わせながら質問することで、答えを予想し、返ってきた答えの意味を探ります。中身のない質問をすれば中身のない答えが返ってきます。

「質問」することはまた発信することでもあります。

中身のある質問をすれば、相手はどう答えるか、自分の心の中をさぐって考えることができます。

相手は、考えるうちに、ふだんとは違う自分に導かれることがあります。本当はいつも、そう心の奥で思っていたのだけれど、相手から質問されて、はじめて気づくことも珍しいことではありません。無意識だったものが意識化されるのです。質問する側もされる側も少しずつ世界を広げていくことができます。

第六章

心を聴く耳を養う

～相手の気持ちになって考える

コミュニケーション力は想像力

筆者が、いくつかの美容サロンを経営する店舗のリーダー（2番手・3番手）の研修を行ったとき、20代の若者のG雄さんは、後日、LINEで筆者にこうグチりました。

「井戸さんのいわれたように、相手のいうことを黙って聞いていると（傾聴していると）、その身勝手さに腹が立ってきます。ストレスがたまります」。

そのサロンの店長は、G雄さんには期待しているのですが、「自分本位で冷めた態度が課題」という評価をしていました。

筆者はG雄さんのLINEでのグチにこう質問を返しました（もちろん質問です！）。

「相手の立場から、G雄さんを見て、G雄さんにどうしてもらいたいのかをイメージしてみてください。それがリーダーシップの要件になるのですが」。

「（相手が身勝手で）納得がいきません」。

「自分を中心に考えるのではなく、相手を中心に考えてみるとどうなりますか」。

そんなやりとりがしばらく続くと、「それならできそうです」という返事が返ってきました。

いろいろな言葉を投げかけながら（指示したり、教えたりするのではなく）、「相手の立場からG雄さん像をイメージするとどんな姿に見えるか」をG雄さん自身にイメージしてもらいます。その意味をG雄さんが納得するまで続けます。こちら側にとっては簡単なことでも、そのようなことをしたことがないG雄さんには意味がわかりにくいのです。相手に抽象的なことの理解を求めるには試行錯誤が必要です。

G雄さんの同僚が、G雄さんをどう見ているかをイメージすることは、「相手の立ち場に立つ」ことですから、たぶんそれまでのG雄さんには苦手です。それが店長の悩みでもあったわけです。

ですから、G雄さんから「できそうだ」という答えが返ってきたということは、すでに半分相手の立ち場になっていることを意味します。

私は、「では1週間後に連絡をください」と、G雄さんの宿題にしました。

1週間してG雄さんから「だいぶ楽になりました」という返事が来ました。楽になったというのは、周囲との関係が改善されたことを意味すると思います。

その後、「後輩から相談を受けましたが、このあとどうしましょうか」という相談が来ました。相手の話を聴くことで、相手の身勝手に腹が立つと言っていたG雄さんが、相談を受けるようになった。それは素晴らしい変化です。今まで、周囲の人間とはほとんど付き合いがなく、批判ばかりしていたG雄さんに相談をする後輩があらわれたということは、G雄さんの姿勢が変わってきたことを意味します。

「相手の立ち場」からものを考え、相手の気持ちを想像する「筋力」がついてきたのだと思います。1週間というスピードは、やはり店長が見込んだだけあって、その気になれば吸収が早いのかもしれません。

その後、「自分の考えを教えるのではなく、相談者はどう思うかを聴いてみましょう」というようなやり取りを何回かしたのですが、その後、「上手くいきました」とメッセージが届きました。

G雄さんには、「相談に受け答えしている自分の言葉を振り返ってください」と送信し、そんなやり取りを繰り返しているうちに、G雄さんは、果たして3年後に店長に昇格しました。

人は、自分一人で生きていると思いがちです。でも、周囲の人によって生かされています。などというと「抹香（まっこう）くさく」聞こえるかもしれませんが、筆者がいろいろな人のリーダーシップの取り方をみていて思うのは、**「よいリーダー」とは、自分の気持ちを意識的に整理しながら、相手の気持ちを汲み、相手の立ち場でものを考えられる人だと思います。**

その結果、周囲が自分に仕事で返してくれる。抹香くさいように聞こえるけれど、言い方をかえると、give & take です。

ビジネスは感動あってナンボ

もちろん、誰でも自分の欲求はありますが、とりあえず、それは脇に置き、相手が「どうしたいか」を質問します。

私が「トップセールス」といわれる営業マンにそのコツを聞くと、たいていの人は、「相手のことだけ考える」といいます。たとえば、ある社長と話をしていて、今、困っていることがわかると、その解決のために奔走《ほんそう》し、必要な人や情報を探し出して紹介します。

誰でも経験していることですが、他者のために無償の仕事をしているうちに、自分の仕事につながることがあります。筆者は、もともとボランティア活動から福祉の世界に入っているので、そういう経験は少なくありません。たとえ仕事につながらなくても、誰かが喜んでくれるのは楽しい経験です。自分の心の幅を広げてくれるように思います。

筆者は、阪神淡路大震災のとき、就職したばかりの法人から派遣してもらい、ボランティア活動をしました。そのような経験もあり、独立後の熊本地震のときには1週間、支援物質のルートづくりに現地入りしました。

訪問する予定だった契約先の会社や事業所にはスケジュールで迷惑をかけることになったのですが、逆に、すべての会社・事業所から、筆者に「自分たちも物資を集めるので行ってくれ」と励ましの言葉をもらい、惜しみない協力をいただきました。もちろん意図したわけではありませんが、むしろ契約先と信頼関係を強めることができたと思います。

このようなときほど、サポートしているつもりが、サポートされていることを実感します。**常に見返りがなくても、そのほうが仕事は断然楽しいし、もしかしたら、人は仕事の喜びの大半を、利潤より感動に求めているといっても過言ではないと思います。**

育てあい企業は夢を育てる

体面を重んじることより、互いに学ばせてもらう姿勢が、コミュニケーション円滑化の基本です。

採用のときなら、求職者に「この会社にいれば自分の成長につながる」という確信を持ってもらうことが大切です。やる気になるし、積極的に意見も出せます。

「意見はいらない、いわれた通りに働きなさい」では、社員の能力は開発されないし、はじめからやる気を失います。求職者なら、この会社は雰囲気が悪いなと敏感にさとります。

採用時に、「育てあう企業」のイメージを持ってもらうことは企業のアピールになります。「あの会社は

よさそうだ」という口コミが伝われば地域での評判も高まります。

「人を大事にしてくれる会社なんだな」「充実した仕事ができるだろう」「会社をやめても経験や成長を買われて『つぶし』が利きそうだ」と思います。独立して自分で事業を起こすという夢も育てられます。そういう夢をいっしょに育てられる組織は強い組織です。

社員の「人育て」「夢育て」には、理念、ミッション（使命・目的）、ビジョン（将来像）が欠かせません。いわゆる「経営哲学」という神輿《みこし》を経営者もスタッフもいっしょに担います。経営哲学は、経営者と社員一人ひとりを結びつける命綱でもあります。

1対1面談では、経営哲学の共有からはじめます。経営哲学については第九章で述べます。

得意な話題でポケットをふくらませる

人をほめるどころか、会話や雑談が苦手な人がいます。先述した通り、私もその一人でした。ボランティア活動や社会に出てからも大勢の人たちとの出会いに支えられ、今では人と話をするのが大好きな人間になってしまいました。私には人との出会いはパワーになります。

介護の仕事は1対1の対話です。ところが、利用者や利用者家族と話をするのを怖がる介護者がいます。とくに若い人は、高齢の利用者と話題がなく、会話が続きません。

ですから介護者は、ふだん歴史などいろいろな本を読み、会話の間口を広くすることも大切です。

先述しましたが、話題づくりにすぐに有効なのが、相手と自分の共通点を探ることです。食べもの、ふるさと、スポーツ、趣味などから自分と共通する部分を探し、そこから話題を展開させます。もじもじする若い人に、「あそこに座っている○○さんとお話して10個の共通点を探してきて」というと、ゲーム感覚で共通点探しをはじめます。食べものにしても、そばが好きか、うどんが好きかなどで話しが盛り上がります。要領のいい若者は、「今、上司から10個共通点を探してくるようにいわれたので協力してください」と相手をゲームに巻き込んでしまいます。

現在の高齢の方なら、昭和10年代から30年代が、子ども時代、青春時代なので、ここらへんの時代に興味を持つと、知識の宝庫の中にいるような感覚になります。学校時代、遊び、食べものなど聞き取ってメモしておくといくらでも応用が利きます。

認知症の人の場合は、昔を回想してもらうことで、認知機能の維持・向上にも役立ちます。

これは一般企業でも同様で、顧客営業で悩む営業職の人も、この方法でメキメキと話題が見つかるようになります。

話し上手は聞き上手でもあります。利用者に限らず、得意の話題をいくつかポケットにしまっておき、そこから話を発展させる練習をすることもホスピタリティを高める方法の一つです。

傾聴は相手も自分も強くする

「心が広い」とは、さまざまな価値観を認め、受け入れることであると思います。

瞬間、激しい怒りに支配されても、一息ついて、相手の立場から相手の言い分（価値観）をとらえ直すと、

「それも一理あるかもしれないなあ」と思うことができます。怒りのマネジメント（アンガーマネジメント）には、6秒間ルールというものがあって、6秒間、怒りの衝動を抑えると、その衝動が通り過ぎていきます。しかし、その場その場で心の余裕がなくなってパニックになると、6秒なんて待っていられません。「相手の価値観と自分の価値観の違いをさぐろう」なんて考えられなくなります。頭が真っ白になって怒りや憎しみに心が支配されてしまうのです。

自分がとらえたもの（認知したもの）に、心が動揺しにくくなるのは、「心の広さ」、強さにつながります。でも、怒りや衝動はなかなか消えないから、心のバランスをとるために大切なのは、誰かに話を聞いてもらうことです。

親しい人に状況を説明し、自分の感情を語ることで、状況を整理し、客観化することができます。それによって、怒りは半分以上収まり、解決方法も少し見えてきます。冷静に話を聞いてもらえる人が身近にいることは、心強いものだし、その人にとっての宝物です。強い心は、コミュニケーションの中で鍛えられます。

間違って、職場内でこぼすと「愚痴」になります。この愚痴は自分にも、相手にも良い結果を生みません。

相手のいうことを「共感的」「無条件に関心を持って」「わからないことをそのままにせずに」聞くことを傾聴といいます。私の会社の臨床心理士は（企業のメンタルヘルスなどを担当している）、「良い傾聴体験は人の心を強くする」といいます。

傾聴は、相手の心を強くするだけではなく、自分の心を強くします。他者のトラブルを傾聴することで、自分に同じようなトラブルが降りかかったとき、冷静な受け止め方をすることができます。なかなか時間がとれないプレイングマネジャー（リーダーとして人をまとめるだけではなく、自分自身の専門業務をこなす管理職）の場合、信頼できる外部カウンセラーを活用する方法があります。また、そのほうが効率的な場合があります。

傾聴とポジティブ変換のタイミング

傾聴する側は、相手の怒りに火をそそいだり、拙速にアドバイスしようなどと考えないで、相手が自分の言葉や感情を冷静に整理できるように、うなずき、共感の言葉をかけます。

一にも二にも、相手が「どう行動すればいいのか」を自ら気づくようにします。あくまでも相手の力を信頼します。

共感的な姿勢は大切ですが、それは相手の言葉をそのまま受け入れることではありません。傾聴する側は、「そう考えたんですね」「そうなんですね」「なるほど」「それはつらかったですね」「それで腹が立ったんですね」「悲しい気持ちになったのですね」というように相手の感情（話の内容ではなく）を受け入れながら、（頭の中では冷静に）聴きます。話の内容について一知半解《いっちはんかい》の状態で「よくわかるよ」などと肯定しないようにします。

自分の高ぶる感情を共感的に聴いてくれる人がいると、それだけで心が落ち着きます。

傾聴者は、共感的なうなづきを繰り返しながら、相手の言葉の真意をうかがうようにします。相手が自分の感情におぼれて、どんどん袋小路に迷いこまないように、もし相手の認識の仕方に偏《かたよ》りがあると思ったら、そのことに気づいてもらえるような質問をします。聴く側も自分の気持ちを大切にし、もし相手の話の内容にわからないところがあれば、そのままにせず聴きなおして内容を確かめ、相手に対しても自分に対しても真摯《しんし》な態度で聴くことが大切です。

常に相手の感情に巻き込まれないように、「第三者」として冷静に相手に寄りそうのです。

人材育成の視点では、カウンセリング（積極的傾聴）を基本としながら、ティーチング（直接的指導）、コーチング（効率的なゴールへの支援）を相手の意欲や心理状況に応じて使いわけます。これには指導者側のテクニックが必要です。コーチングを積極的に実践している会社は、対話機会が多くなり、組織が活性化しますが、意欲がない人にはヒットしません。この場合はカウンセリングが有効です。これらのコミュニケーション指導スキルを組み合わせて使うこともあります。

たとえば、「なるほど、それで感情的になったのですね」「もしかしたら、その人は、親切のつもりであなたにそういった可能性も考えられませんか（質問）」など。

人が思い悩むときは、否定的（ネガティブ）な気持ちが強くなっていますから、そのチャネル（流れ）をポジティブ（肯定的・能動的）な方向へと少しずつ切り替えていきます。

このように、認知の枠組みを変えるために、言い換えなどを行うことを心理学で「リフレーミング」といいます。無闇に「元気だせよ」と励ますのではなく、客観的事実に即して、しかも質問のかたちで相手に切り返します。

「そのような言い方をされて悲しい気持ちになったのですね（受容）。上司の方がそんな厳しい言い方をしたのはなぜだと思いますか」とか、「あなたの能力を買ってるからではないかと思うのですが、それに

図表 6-1　傾聴の心得

拙速にアドバイスしようとしない
相手の感情に寄りそう言葉かけをする
相手の感情に巻き込まれない
傾聴によって冷静な思考ができるようになったらリフレーミングを活用する
傾聴者は９対１の割合で話を聞く
傾聴者は共感的ではあっても「第三者」に徹する

ついてはどう感じますか」など、内省を促すことで客観的に事実を捉えてもらうようにします。

カウンセリングによって、自分の感情を少しでも客観的に捉えられるようになったら、コーチングに切り替えて、「上司は、もっとあなたに伸びてほしいと期待しているとも考えられませんか」「上司のいいところを1つ探すとしたらどこでしょう」などといったゴールを見すえた質問へのきっかけを探ります。

「言い換え（リフレーミング）」の具体的な方法については後述しますが、傾聴では、話し手が、自分の感情や考えを冷静に整理していくことを手伝います。リフレーミングでは、その人が捉えている事実に焦点をあてながらも、その事実をタテ・ヨコ・ナナメにフレームの外から見る（リ・フレームする）ことで、別のポジティブな価値観に気づくきっかけをつくります。

たとえば、「お腹がいっぱいで太ってしまう」という言葉に対しては、「今日も幸せを実感できてよかった。これで運動がたくさんできますね」とフレームを捉えなおしてフィードバックすることができます。たとえ、あなたが「先輩」「目上の者」「上司」でも、「対等な立場」であろうとすることが大切です。

傾聴者は、相手の話の内容や感情に巻き込まれないようにして、「第三者」の視点からの意見を述べるように努めます。第三者は、いろいろな人の立場に立てる点が有利です。

「傾聴」を制度にする

自分の話を冷静に傾聴してもらうことで、自分の行為を「振り返り」、自分にも問題があったことに「気づき」が得られることがあります。それだけで問題解決の方法をつかむきっかけが得られます。そのような傾聴をする同僚や上司が職場にいると、職場は居心地よく、仕事への満足度も高くなります。仕事への慣れも早くなり、3年以内の離職も激減します。

傾聴を「制度」にする方法があります。日本でも最近、導入が増えてきた「メンター（mentor）制度」です。

メンター制度は、米国企業で、1980年代に導入されるようになったもので、新入社員に対して、3、4年先輩の若手社員を1対1で指名します。この先輩社員を「メンター（mentor）」といい、メンターは、仕事だけではなく、新人のさまざまなプライベートの悩みにも寄りそいます。

メンター制度によって、若者が会社に早く慣れ、離職率を食い止めるのがねらいです。

先輩社員のメンターに対して、対象となる新人社員を「メンティ（mentee）」といいます。

メンターは上司ではなく、メンティとは直接の利害関係のない部署の人が選ばれます。メンターになることは、将来のリーダーシップを養うことにもなり、メンティのさまざまな相談に乗ることで、自分もサポート側として成長することができます。日本でも多くの企業でメンター研修が行われるようになりました。

メンター制度は、基本的に新人の心のサポートのためにつくられた制度で、3、4年後には、メンティが、メンターとなって次の新人のサポート役に回ります。

ただ、メンターには資質もあり、メンティとの相性もありますから、誰を指名するかは難しい判断です。

メンターにはメンターのストレスがあり、メンターのストレス軽減をはかるためのカウンセリングも大切です。会社はメンター制度を導入したら、メンター研修とその心のケアにも十分配慮する必要があります。ただ給料、キャリアアップなどには反映されません。

大企業では組織運営上、メンター制度の導入はすばらしいと思いますが、心の支えは新人に限らず誰にとっても欠かせないものです。中小企業では、小さいという利点を生かして、全員がメンターになり、メンティとなる環境づくりをめざしたいものです。

メンターの「資格」は人間大好き

実は、医療・介護の世界には、相談援助実践の基礎を身につけた国家資格があります。「社会福祉士」がそれで、一般的には「ソーシャルワーカー（SW）」と呼ばれます（病院では、メディカル・ソーシャル・ワーカー、MSW）。

SWは、本来、患者、利用者（クライアント）が社会生活を円滑に行えるように、相談を通じて社会的・精神的サポートをする仕事で、病院、介護施設で配置が義務づけられています。ただ、日本では、SWがクライアントの立ち場に立って仕事をするという場面は少なく、雇われた介護施設や病院の立ち場で仕事をすることが多くなります。

そのため「何でも屋さん」になる一面がありますが、社員全員の「メンター」として活躍しているSWもいます。そういうところでは、SWが、新人だけではなく、社員の仕事や心身の悩みを1対1で傾聴し、仕事をしやすい環境づくりを行います。ときには、組織の改編を求めて会社と個人の間に入って交渉したり、人と人の関係を修復する仲立ちをします。

それだけに経営者から信頼され、セクションの垣根を越えて活動できる裁量権が必要になります。この裁量権がないと、全組織的なメンター機能は発揮できません。

かつては、経営陣と社員は「労使対決」のかたちでしか向き合わない時代がありましたが、猛烈な人材不足の今日、そんなことはいってられません。上も下も一丸とならなければ組織イノベーションどころか人材が集まらないのです。

筆者は、介護事業所で、介護福祉士の仕事をしてから、SWとして活動するようになり、その後、地域や企業の中にある「人」の悩みを「相談」で解決したいと相談事務所を立ち上げました。

メンターには、SWの資格がなくても誰でもがなれると思いますが、「人間好き」が最低限の条件です。人間好きとは、どのような相手でもその長所を見つけて付き合い、指示的・指導的ではなく、一歩引いて、傾聴を主体とした相手の心のサポートができる人です。

第七章

1対1面談力を養う

～リーダーシップを育てる1対1の対話

快適な職場とは

コミュニケーションの基本は、「1対1」(ワン・オン・ワン)の対話だとお伝えしてきましたが、1対1コミュニケーションにはさまざまなバリエーションがあります。

最近、大企業を中心に、上司・部下の1対1の「対話」による人材育成法が普及するようになってきました。

上司が定期・不定期に部下と1対1で、個人の目標設定、仕事の進め方、仕事環境などについて話し合います。ときには雑談を含めて、ざっくばらんに話し、信頼関係(ラポール)を築くことが第一の目標です。頻度は週1度30分くらいから、3か月に1度1時間くらいの割で行います。

面談は、英語では「フェイス」といい、顔と顔、目と目を合わせて行います。日本語で「面談」というと、あまりいい印象がないようです。上司から、あらたまって「面談したい」といわれると、何をいわれるのかと緊張して身構えてしまいます。

ここでいう「1対1」は、上下の信頼関係をホットなものにし、組織内コミュニケーションを円滑化し、組織環境の改善をはかったり、仕事の目標達成を促進するためのものです。ですから、社員が上司と話す対話の時間を心待ちにするくらいの雰囲気をつくることが大切です。

図表7-1は、職場環境の「快適度」を示すものです。快適な職場とは、対話がある職場、信頼関係がある職場、自分を伸ばすことができる職場です。そして社員が伸びればとうぜん企業も成長します。

図表 7-1　快適職場度チェック

あてはまるものに☑を入れてみましょう。

□朝、気持ちのよいあいさつが職場内でできている。
□話を聴いてくれる上司や先輩がいる。
□互いの価値観を大事にしている雰囲気を感じられる。
□よくない仕事をしたときに、すぐに間違いを修正するための助言が得られる。
□チームでの共通した目標があり、それを実現しようとしている。
□なりたい姿や目標を意識できるような機会が３か月に１度はある。
□教育制度があり、学習した内容をチャレンジしやすい環境である。
□仕事の評価基準が明確であり、何を優先すべきか理解している。
□仕事を通じて社会や顧客の役に立っているという実感がある。

いくつチェックが入りましたか。


8つ以上…想定外の問題が発生しても組織的に解決できるラポールが形成されている。

6つ以上…通常は比較的よい職場である。

4つ以下…組織目標が個々の課題と結びつきにくく、新しい取り組みへの柔軟性が低い。

2つ以下…不満足要因が高く、離職率が上がりやすく、採用費支出が多い。

対話・面談の方法

１対１の定期的な対話は比較的短い時間でできるのですが、目標設定などの面談をどのような頻度で行うかは、それぞれの職場で試行錯誤しながら決めます。筆者が推奨するのは3か月ごと。問題があれば不定期にも行います。定期的なものは個室で行います。

日頃、対話で意思疎通が図りやすくなったのに、面談後、「すごくショックだった」「嫌な気持ちになった」などと言わせてしまう上司もいます。そこで、米国で開発された「マイクロ・カウンセリング」という心理学の面談技法などから、対話力に必要かつビジネスにも有効なものをご紹介します。

この技法は、上司・部下の定期的なものだけではなく、ふだん他者からの相談、悩みなどを聞く「対話」の場合にも応用できます。

混乱しないように、ここでは上司など面談を行う側（インタビュアー）を「面談者」といい、部下など面談される側（インタビューイ）を「面談相手」と呼びます。

マイクロ・カウンセリングは、さまざまなカウンセリング技法を体系化して、初心者がステップ・バイ・ステップで習得するために開発されたものです。難しいと考えずに、できるところから、一つひとつ練習します。「練習台」は、家族でも友人でも同僚でもかまいません。どこからはじめても、コミュニケーションを円滑にすることができます。

0・テーマの設定

面談は、「この時間は誰のためにあるのか」を、事前の会話などから理解できるようにします。事前に考える機会を与えることで、「面談」への期待感や適度な緊張が生まれます。

面談では、まず、「個人目標を設定し、その達成を支援することは、会社と個人にとって非常に意義のあることです。自分が担当しますがよろしいでしょうか」というように確認をしましょう。上司や先輩として、面談でいきなり「最近、どう?」などと話すようでは生産性がありません。互いの役割と目標を確認しあうことで、ある種の「契約」を行います。

個人目標の設定では、5年後に（個人が）どのような仕事ができる人材に成長していたいかといった「ビジョン」を想像してもらいます。そのビジョンの実現に向け、今、何が「できている」のか、習得すべき課題は何かを明確にしていきます。

この面談を30分以内にして、週1回程度行う会社も増えています（そのほうがスタッフの気持ちも、業務上の相談もしやすく、結果が出やすい）。

面談によって、部下が何をするべきかを確認できたり（自己評価、他者評価）、励ましたりします。

3か月ごとの定期的面談は少し長めにとり、最初につくった目標設定の進捗度合いを確認し、目標の設定変更などを行います。3か月後までの「自分が向きあうべき課題」をいっしょに確認したり、人事考課内容をいっしょにチェックします。

面談のテーマは、個人目標のものだけではなく、周囲の状況、組織の問題点など、相手から申し込まれたものでなければ、こちらからテーマを設定します。

「今日は、○○について話しましょうか」「今日のテーマについて説明します」などと、最初から面談の主題を切り出します。

面談でよくないのは、いちばん最初に、相手の気持ちをほぐそうとして、「最近、どう？」などと「開かれた質問（オープン・クエスチョン）」をすることです。よく知らない相手なら、かえって警戒させてしまうことがあります。

面談理由を最初にいうことで、相手は安心します。もっとも、何度も面談が繰り返されて、すでにラポールが築かれている場合は、「最近、どう?」「その後、どう?」でもかまいません。相手が何かいいたそうで、なかなか言い出せない様子なら、相手の言葉を引き出すために、上司や家庭など共通の話題を探して、オープン・クエスチョンで呼び水にします。

面談頻度が多ければ20分～30分以内が適切です。

1・関わり行動

傾聴の基本です。「私は、あなたの話を聞くためにここにいるのですよ」という非言語のメッセージを送ります。基本的には「穏やかで、優しさのある姿勢やアイコンタクト」がポイントです。そのために、相手の正面に顔を向けます。

a.視線

アイコンタクトは非常に重要な要素です。日本人にはその習慣があまりないので、「難しい」という相談も多いのですが、微笑みを意識して、身体言語とあわせながら相手の眉間、鼻先、口もとを見るようにします。

b.身体言語

表情、姿勢、手の置き方は、堅くならないで楽な態勢をとります。上半身は少しだけ前に出すようにします。相手側の話に熱がこもるようなら、「なるほど」といいながら、少し身体を前にのりだせば「興味」や「関心」があることを示すことができますし、上体をそらして相手から身体を離せば冷静にさせることもできます。

うなずくときは、首だけでなく、上半身全体でうなずくようにします。

c.声のトーン

相手の声のトーンを意識すると感情を捉えやすくなります。面談ではできるだけ穏やかなトーンで声を出すと「安心」して話しやすい雰囲気になります。

d.言語的追跡

面談時は、相手が話しやすくなることが大切ですので、自分から話を飛躍させたり先回りしないようにします。対話の主導権は、あくまでも相手であることが相手に理解できるようにします。

2・観察技法

相手の言葉・しぐさ・表情などが、矛盾なく安定しているかどうかを観察します。

顔の表情だけではなく、姿勢、身振り手振りなどを見ながら、緊張しているか、リラックスしているか、情緒的安定がはかられているかを見極めます。リラックスしていることが基本です。

この観察技法を通じて部下の変化に気づくようにします。この気づきを間違えると、二者の間にズレが生じることがあります。

面談を通じ、上司もまた部下から見られています。上司が、面談のときだけ部下をやみくもにほめると、部下は、「このあと叱るつもりなんだな」などと観察されてしまいます。

面談で、「マイナスの評価」を伝えなければならない場合でも、「自分の課題を知りたい」という気持ちを持てるようにすることが肝心です。そのために、日頃の業務を通じて、がんばっていることなどに「承認」を与えます。

「だいぶできるようになったね」「こういった発言もいいね」などとプラスのストロークを出してから、「さらにステップアップするための課題は何だと思いますか?」「これを改善できるともっといいですね」と課題を自らが考えられるように促します。

今の部下を「ダメ」と評価するのではなく、問題をクリアした段階を部下に想像してもらい、その解決方法を自分で考えられるように「待つ」姿勢が大切です。

「これができてないね」「君には周囲からこういう批判が出ているよ」といったネガティブ・ストロークは落ち込ませるだけで生産性につながりません。必ず「改善方法は何だろう」「こうすればもっとよくなるかもしれませんね」などというポジティブ・ストロークを出します。このとき、心理学でいう「リフレーミング（枠変え）」は非常に有効です。

相手を承認し（プラスのストロークをかけ）、そのうえで相手の問題点（欠点）の乗り越えかたをいっしょに考えます。「いっしょに考える」ということは、リフレーミングしながら、相手に自ら解決方法を

気づいてもらい、納得してもらうことです。リフレーミングによって、「問題点」は向きあうべき「課題」になります。

もし、マイナスのストロークばかりを出したら、相手は自分がやってきたことが全否定されたと考え、その段階でラポールの形成は崩れかけます。責められた気分になり、面談は失敗に終わります。問題点を叱責、注意、警告するのではなく、リフレーミングすることが上司の知恵の出しどころです。

３・質問技法

質問は、「オープン・クエスチョン」（相手の意見を聞く質問。「どう思う」といったような抽象度の高い質問）、「クローズ・クエスチョン」（「はい」「いいえ」で答えてもらう限定的な質問）を使い分けます。

オープン・クエスチョンは、相手に対話の主導権を渡して、相手の心を開きます。

気をつけるべきは、質問に対する相手の理解度、こちらとの「温度差」がかけ離れていないことです。かけ離れていれば相手は混乱します。

最初のオープン・クエスチョンは、相手の緊張をほぐすために、答えやすく、抽象度合い（あいまいさ）の高いものが適当です。

「今、どの仕事内容が楽しいですか」「最近、仕事で嬉しかったことはありますか」。

その後の質問は、次第に具体的なものにしていきます。たとえば、相手の仕事に対する捉え方を聞きます。

「やってみて、どんな気持ちですか」「やりにくいことはありますか」「どんなときが一番楽しいですか」。

話題が広がりすぎたら、クローズドな質問で話を元に戻します。

「このままで、意欲的に仕事が進められそうですか」「課題が明確になりましたか」などの「はい」とか「いいえ」で答えられる質問です。

「実は、最近は目標がなくて、仕事が楽しくありません」などの相談内容であれば「そのような気持ちでも、お話してくれて嬉しいです」「自分の目標が見えないと面白さを感じにくいですよね」といった受容や共感といった姿勢で、積極的傾聴に切り替えます。

上司としては、仕事の効率性を聞いて、仕事が順調かどうかを評価に結びつけたり、効率性を高める方向に持って行きたいと思います。しかし、その場合でも、相手が自分で気づき、自分から話し出すことを優先する意識が大切です。

面談者から「今のままだと結果が出ないよね」などといった評価を語ることはNGです。仕事が遅いなら、そのことに自分で気づいてもらい、どうしたら早くなるかを考えてもらいます。

数値目標の達成や、部署内での問題点などは、ミニミーティングや臨時朝礼などを招集し、チーム、社員全体に向けて発信します。個別面談では、本人が主体的に解決を考えられるように支援するというバランスにします。

その人がどういう仕事をしたいかという気持ちを尊重し、仕事へのモチベーションを高めることが面談の主眼です。「進路指導」や「人事面談」とは異なります。

最後に、話の主導権を面談者にもどして、オープン・クエスチョンによって、これまで話の中で出てきた問題点を、どうすれば解決できるかを相手といっしょに考えます。解決法がみつかったら次回までの課題にします。

4・励まし技法

a.相手の話に「励まし」の言葉を挿入する

励ましの「さしすせそ」というのがあります。「さすがですね」「知らなかったです」「すばらしいですね」「センスいいですね」「そうなんですね」といったものです。相手の話している内容を肯定的に受け止めることで、相手は安心し、話しやすくなります。それによって脳は問題の整理を行うことができます。もちろん常にポジティブ・ストロークをします。

b.話の続きを促す

話の続きを促すときは、「なるほど」「すばらしい」などのポジティブ・ストロークのあとに、「その部分はどうしたらできたの?」など具体的な部分を掘り下げるようにします。

「で?」「それで?」「ほかに?」などといった投げやりに聞こえやすい言葉で話の続きを促すと、「それがどうしたんだ」「ばかばかしい」「無意味だ」というように批判的に聞こえることがあります。また、相手は「この人は、いったいどういう気持ちで私の話を聞いているのだろう」「もしかしたら、今、自分が話していることは上司の機嫌を損ねるだけなのか」「何をいったい私から聞きだそうとしているのか」と考え、警戒されます。

会社の面談で上司がつい行いがちなので気をつけてください。もちろんすでにラポールが形成されていれば問題ありませんが、ラポールが形成されていると感じているのは上司だけ・・・ということもありますので、基本はポジティブ・ストロークで行きましょう。

c.相手の話の中の重要な語句を繰り返す

面談相手から「ばかばかしい」「無理解」「やる気がなくなる」など、自分の感情や本音が感じられる言葉が出てきたら、相談者はその言葉を繰り返すことで共感を示します。「ばかばかしいと思ったんだね」「相手が無理解だと感じたんですね」「やる気がなくなってしまったんですね」などです。

d.相手の最後の言葉を繰り返す

相手の言葉尻を繰り返します。

「○○だからたいへんなんですよ」→「だから、たいへんだと思ったんだね」。

「○○ということになると、悲しくなります」→「○○だと悲しく感じたんですね」。

相談相手の気持ちをしっかり受け止め、感情や思考について確認していることを示します。こちらが励ましたつもりでも、相手は「励まされた」という気持ちになっていないことがあります。こちらの気持ちが伝わりやすくなります。

図表 7-2　リフレーミング（フレームをつくり変える）のポイント

リフレーミングは、言葉だけではなく、行動にも関わります。

1.解釈を変える	・相手の話を傾聴する（相手の言葉に感情移入しすぎて、相手の負の感情に巻き込まれない） ・相手の言葉をさえぎってリフレーミングをしない（まず真摯に相手の言葉に耳を傾ける） ・相手がネガティブな結論を出そうとしたとき、相手の解釈を変える可能性を提案する。その場合も質問の形で。「上司は、あなたのためにそうしたのに、それがうまく伝えられていないだけかもしれませんね」など ・質問によって相手の感情を落ち着かせる（相手に状況を整理する余裕を与える） ・言葉の伝え方に問題がないか、立ち場を変えて考えてもらう（人間関係のこじれは、言葉の伝え方に問題がある場合がほとんど） ・自分の意見を述べる場合は、状況を客観的に整理したうえで提案する（アサーティブな表現、後述）
2.状況を変える	一人のトラブルを、チーム全員で担うなど、過去のさまざまな経験に照らし合わせて、状況を変える工夫をする
3.選択肢を増やす	話し合いによって、問題解決の選択肢を増やす（問題解決の選択肢を増やすことで状況整理ができる）

5・言い換え（リフレーミング）の技法

相談者が自分の感覚でイメージできるように、相談相手の言葉の言い換えをしながら、相手に言葉と感情の整理をしてもらいます。

とくに、大げさな感情表現は、「実物大」の言葉に修正してもらいます。

相談相手「〇〇で気が遠くなりました」。

相談者「かなり忍耐力が付いたとも言えますね」。

相談相手「まぁ、そうかも知れませんね」。

相談相手「〇〇でドン引きしました」。

相談者「相手の感情や思考を疑った自分がいたのですね」。

相談相手「そこまでじゃありませんけど…」。

リフレーミングは、思考（ものの捉え方）の枠組み「フレーム」をつくりなおすことです。たとえば、「絶対に許せない」と思い込んでいたことが、枠組みを変えることで、そうでもないかな、と思えるようになります。思い込みはよくあることで、知らずに思考（認知）の縄が自分をしばっています。それをリフレーミングによってゆるめ、気づき、取り除きます。他者が行うリフレーミングが効果的ですが、自分自身で認知のゆがみを修正していくこともできます。

面談では、リフレーミングによって相手の抱える問題を未来志向で改善するために「場面を変える」「選択肢を増やす」ことができます。また、相手の言葉や考え方のフレームを変えることで、より事実に引き戻すときにも使われます。

私もそうですが、人はよく、言い違いや勘違いで、本心を十分に伝えられないことがあります。たとえ言葉の使い方が間違っていなくても、相手に正確に伝わらないことがあります。

ですから、言葉のフレームを変えることで、自分の理解が正しいかどうかを相手に確認してもらいます。そうしないと、肝心なところでコミュニケーションが根詰まりを起こします。

6・要約の技法

さまざまな話題が出て、「結局、何を話したかったんだっけ?」と思うことってありませんか?聞いている方も「話がズレてきたな」と感じるときがあります。面談の中で、話が多岐にわたって収集がつかなくなったとき、「つまり、こういうことですね」と、これまでの話を整理したり、要約することで、安心して効果的な面談を促進します。

面談時間には制約がありますから、面談を終わらせるために「要約すると、・・・ということですね」というように使われることもあります。

要約の技法で大切なことは、話の筋を整理するだけではなく、語った人の感情について触れることです。感情抜きでドライに要約しても、話の内容を受け取ったことにはなりません。相手のいうことが間違っていると思っても、相手の言葉をそのまま要約します。

相手の話を耳だけで（その場かぎりで）聞こうとしていると、相手の先入観を表層的に受け入れることになります。あまり深刻な話になると長くなるし、ストレスだから、当たりさわりのない話題探しをしようとします。すると、相手は物足りなさを感じ、「話し残したことがある」と胸のつっかかりを覚えてしまいます。

要約の技法は、要領よく話をまとめることではなく、相手に聞いてもらったという満足感を持ってもらうことです。

自己主張するための方法

以上が、マイクロカウンセリングの技法の簡単な説明です。

マイクロカウンセリングとは別に、自己主張をするときの作法も、心理学では定式化されています。

日本人は、自己主張という点では消極的です。米国人はよく自己主張すると考えられていますが、日本語のように文脈の裏側を感じとる文化はありません。

しかし、米国でも、互いが自分の主張をしあうだけでは、まとまりがつきません。話しあいが対立に終わることを回避するために「自己主張の方法」が1940年代から研究され、「アサーティブ・コミュニケーション」が確立されます。これは学校でも教えられています。

このアサーティブ・コミュニケーションは、自分も相手もその場の状況にあった自己表現を可能にするものです。その結果、合意が形成されます。

通常、自分の意見を主張する方法は3つに分かれます。

攻撃的（アグレッシブ）、非自己主張的（ノン・アサーティブ）、アサーティブ（相手の意見を尊重しながら、自分の意見をしっかり主張する）です。

「アグレッシブ」は、相手の気持ちを考えずに自己主張し、自分の価値観を相手に押しつけ、勝ち負けにこだわります。ドッジボール型のコミュニケーションです。

たとえば、門限を17時とされている子どもが、門限を破ったとします。「何時だと思っているの！」と一方的に叱るようなコミュニケーション法です。

その逆で、「ノン・アサーティブ」は、相手の気持ちを考えることはできますが、自己主張が苦手で、相手に流されがちです。自分の気持ちを察してほしいと相手に求めます。日本人に多いタイプです。門限を破って帰っても、お母さんは台所で夕食をつくりながら包丁をトントンと音を立てるだけで「遅かったね」という具合です。

いっぽうで、「アサーティブ」は、相手の立ち場を尊重しながら、しっかり自分の意見を述べます。門限を破った子どもに、「お母さん、とっても心配だったのよ。帰ってきてよかった。何かあったの？」と自分の気持ちを伝え、相手の話にも耳を傾けるのです。

もし、相手と意見が対立する場合は、互いに納得するまで話し合います。これは日本人には決定的に苦手で、流されるか、はじめから聞かないか、どちらかというところでトラブルが発生します。職場でのアサーションスキル習得のための研修も多くなっています。

自分の感情を「感情抜き」で伝える

アサーティブ・コミュニケーションを実践するために、4つの方法があるとされます。英語でそれぞれの頭文字をとってＤＥＳＣといいます。

1. 事実描写（Describe）
事実だけを感情抜きで描写する→「子どもの病気で今日のシフトをキャンセルしたいのですね」。

2. 感情を冷静に説明（Explain）
「落ち着いたら調整が必要かどうか、キャンセルした仕事をどう補う予定なのかも教えてくださいね」。その場合の自分の主観的な気持ち（不安、いらいら、怒り）を、攻撃的ではなく冷静に伝えます。「予兆が昨夜から見られていたら、ちょっと連絡して欲しかったです」。

3. 改善案を出す（Specify）
具体的な提案をする。「次からは、予兆があったりすれば、前日にいってくれるとありがたいです」。

4. 改善案の選択肢を広げる（Choose）

具体的な提案が拒否された場合の選択肢を提示する。

「互いにフォローしあえるように、同僚同士で協力体制をつくっておきましょう」。

「次回からは、代わりにシフトに入れる職員に、直接交渉してくれるとありがたい」。

「DESC」を日本語でいえば、事実→感情説明→提案→選択肢です。

重要なことは、最初に、事実を「感情表現抜き」で表現することです。一瞬「むっ」とするようなことがあっても、一テンポ置いて、感情にブレーキをかけます。第一声で、驚きや怒りをぶつけてしまうと、相手も感情的になります。でも、自分の感情も伝えないと、気持ちが収まりませんし、相手に、ことの重大性を理解してもらえないことがあります。

攻撃的ではない言葉を選んで、自分の感情を冷静に伝えます。感情を「瞬間冷凍」して相手に渡すわけですから、「ちょっと難しい」と思うことがあるかもしれません。しかし、その場を丸く収めるために何もいわない「ノン・アサーティブ」ではストレスがたまり、職場の雰囲気もいびつになります。

そのあとは冷静に解決法をいっしょに考えます。

このプロセスがないと、夫婦関係ならとつぜんの離婚話になるかもしれません。

日本には「あ・うんの呼吸」という言葉がありますが、そこに至るまでには、言葉のある・なしは別にして、互いに思いやるアサーティブなコミュニケーションがあるはずです。そうでなければ単なる錯覚です。

アサーティブな関係をどこでもつくれるようにすることで、自分自身が楽になります。まず家族などで練習してください。とくに子どもに生のままの怒りをぶつけても何の益もありません。子どもの心を萎縮

させるか反抗心を抱かせるだけです。

怒りの瞬間冷凍の工夫は、人間関係を円滑にするだけでなく、1対1ラポールを濃密にし、逆に相手の心に、自分の意思を強く伝えることができます。日頃の生活で感情を抑えるようなことが続いていたりすると、普段なら湧かないような怒りが突如として火山のように爆発することがありますので、日頃の自身のケアは非常に重要です。

1対1面談もとうぜんアサーティブな関係が前提となります。「アサーティブ」は自己を主張することですが、その根幹は相手を主体として考えることです。相手を主体に考えたうえで自己主張することです。アサーティブ・コミュニケーションには、リフレーミングが重要です。リフレーミングは、相手の立場を考えながら、その場の状況（フレーム）を捉え直すことです。アサーティブ・コミュニケーションは、そのうえで自己の意見を述べます。

たとえば、何かを部長に提案して、「そんなこと前例がない」といわれたら、「前例がないということは、イノベーションの種かもしれません。価値が出るかもしれませんので、是非ご検討いただけませんか」と状況を捉え直すのがリフレーミングです。このとき、部長の立ち場になって考えることで、自分の意思を伝えます。

末期がんの人との会話

死が近い人と死について語る場合は、全身を耳にして傾聴します。相手から見られていることを意識しながら、どうしたら相手が話したいことを話せるかを考えようとします。

死について慰めるわけではなく、もちろん解決法を見いだせるわけではなく、ただ聞くという行為だけで相手の気持ちが整理されて、安らぐことがあります。

たとえば、あなたが、がん末期で入院している友人を病院に見舞ったとき、こんな会話がありえます。

あなた「退院したら何をしたい？」。

患者「おれはここから出られないと思う」。

そのあと、あなたが「そんなことを考えるなよ。元気だせよ」と返すのでは励ましにはなりません。相手は、自分の感覚を理解してもらえず、突き放されたような孤独感を覚えるかもしれません。

しかし、少しでも力をつけてあげたいと思ったら、アサーティブなコミュニケーション（相手の立ち場を考えて、自分の立ち場を主張する）として、こんな言葉かけはどうでしょうか。

「入院中でも自分らしく快適に過ごす方法を一緒に考えようよ」。

先入観や固定観念を捨てて、聞くことに集中します。そのためには、善悪の判断、社会常識的な判断を脇に置きます。そうしないと、相手の価値観と大きなズレができてしまいます。

昔、がんの告知をしなかったとき（今でも人によって告知をしないことはありますが）、死期を感じている患者と、その人ともっとも親しい家族の間で交わされる会話がチグハグなものになり、いちばん大事なときに、どうでもいい会話をするという現象がありました。

1対1の対話の中で、ラポールが形成されるには、相手の価値観を知る必要があります。相手の価値観を知るためには、自分の価値観、先入観、思い込みに気づき、それを一度捨てることが大事です。**むしろ**

末期がんの人と話しているときなどに、気づかされることがあります。それによって、こちら側の心が養われます。やはり、育てるのではなく、「育てあう」のです。

互いに先入観に気づく対話を

誰でも、固定観念、先入観を持っていますから、なかなか他者の価値観を受け入れることはできません。つい感情的にもなり、「そうじゃないよ」と否定したくなります。

しかし、「デナイでない」です。対話によって他者の価値観を知ることで、自分がふだん持っている先入観に気づくことができます。他者との対話は、自分と向き合う場でもあります。**相手から、気づきを与えてもらうという態度で、相手の言葉を聞くことが大切です。励まそう、勇気を与えよう、忠告しようという態度は、一度、いっさい捨てることです。**

そういう姿勢で相手の話を傾聴することで、相手にとっても、自分ではわかっていない先入観に気づくことができます。

とくに「言い換えの技法」は、意識してトレーニングすることをお勧めします。相手がいっている話に少しでも矛盾を感じたり、あるいは理解できなかったら、文脈を変えて聞き直します。

言葉の前後を入れ替えたり、２つの文を一つにしたり、あるいは１つの文を２、３に分解するなりして、相手に返します。

ビジネスの事例でいえば、私は、若い社員とこんなやりとりをしたことがあります。

若い社員は、「(上司が) 私にこんな仕事ばかりまかせているのは、私が嫌いだからです」。

私は、その社員の今の気持ちを誇張して、こう言い換えて聞き返しました。

「上司が、あなたのことを嫌って、この仕事をまかせているんですね」。

若い社員はちょっと考えて言い直します。

「上司が、感情だけで仕事をしているとは思っていませんけど、何で私にこの仕事をさせるのかがわかりません。」

言い換えの技法で、若い社員に、冷静に自分の発言を見つめるようにしてもらいました。

私「感情で仕事をしているのでないなら、なぜ上司はあなたにそんな仕事ばかり与えているんでしょうね」。

若い社員「上司に聞いてみないとわかりませんね」。

私「それはすばらしい。聞いてみる勇気がありますか」。

若い社員「やっぱりないですよ」。

私「どんなサポートがあればできますか。上司にうまく尋ねる方法をいっしょに考えませんか」。

これらの相談技法を身につけることは急には難しいかもしれません。しかし、良質な関わりによって自分の感情と向きあい、それをコントロールできるようになると、ヒューマンスキルが高くなります。外部カウンセラーなどの活用も意味があります。

「減点主義」ではPDCAは回せない

会社が正しい方向を見定めて、離職を減らすには、職場環境である上下左右のコミュニケーションが曇りなく行われていることが重要です。上層部には、よいニュースも悪いニュースも等しく入ることで適切な判断が下せます。ところが、どちらかしか入らないケースがあります。

悪いニュースしか入らない会社は、「減点主義」のマネジメントを行っている傾向があります。減点するための情報が集められるからです。その場合、ミスを許さないという風土になっていることが考えられます。

逆に、上層部によいニュースしか入らない会社は、全体に、部下が上司の顔色をみながら仕事をしていることがうかがえます。出世モデルとしての上司が喜ぶ情報を持ち寄ることで、上司に評価されるからです。

上司が、個別のスタッフの心に寄りそい、上司が感情と言動を一致させるようなコミュニケーションを行うことで、問題が早期に発見でき、社員は行動しやすくなります。

社員一人ひとりが、自分自身で目標を決め、上司と社員がともにその目標に向けた管理を行うことで、いわゆる健全なPDCA（計画→実行→計画練り直し→再スタート）を回すことができます。

一人ひとりの目標が明確になることで、自分の判断で計画をたてたり、創造的な姿勢で仕事に向きあうことができます。**失敗体験も成功体験も、「わがこと」として、自分で評価することができます。さらに、その評価において、上司が関わりを持つことで、部下は自分の問題点を見つけ、客観化し、「課題」とし**

て向き合うことができます。

上司との1対1の対話によって、個々のスタッフの目標が、チーム全体の目標と上手にマッチングできれば、互いにサポートする態勢が整い、仕事環境は大きく改善されます。

1対1面談のはじめ方

1対1面談で、不快感を起こすようなことは滅多にありませんが、なかには逆効果になることがあります。面談をする側の上司の姿勢と面談技術の不慣れが原因で「パワハラ面談」となり、部下のモチベーションを下げてしまうなどです。上司が、一度目の面談で思い込んだことを、一週間後の面談で、とうとつに相手に押しつけたりします。あるいは、面談機会をいいことに、部下ができていないことばかりを相手に理解させようとするのも失敗の原因です。

1対1面談をはじめて導入するときは慎重に行います。

会社全体で一度に導入すると、面談するほうもされるほうもストレスになりますから、部分的・試験的にはじめるのが安全です。

いずれにしても、いきなり上司が部下を呼んで面談をはじめても、なかなか部下は胸襟《きょうきん》を開きません。

1対1面談をはじめるタイミングとしては、会社の上層部が何に困っているかを明確にし、「こういう目的でコミュニケーションの円滑化がどうしても必要」という認識を全社員が共有してからです。

社長、役員、一般職の一部が「対人コミュニケーション法」などの研修に参加して面談技術を一通り把

図表 7-3　面談方法

人事評価面談（ロング面談）	
面談者	人事担当者、上司などが個人に行うことが多い
回　数	個人目標の管理、3か月ごとに年4回行う
目　的	·個人目標の支援 ·年間で立てた個人の大きな課題の進捗度合いを話し合う ·キャリアアップ制度
方　法	面談者が主導しながら相手の話を聴く
週1面談（ショート面談）	
面談者	基本的に上司が1対1で行う。
回　数	定期的·不定期的に、週一度など状況に応じて行う
目　的	·日頃の自分を内省するきっかけをつくる ·個人ゴールの確認 ·個人ゴールの修正が必要な場合、そのことを本人に気づいてもらうようにする ·ラポールの形成
方　法	相手の立場になって考え、傾聴する。自分の経験もときとして混ぜて話すが、押しつけてはいけない

握します。**「交流分析」などコミュニケーション技法の参考図書は多くありますが、いくら勉強しても奥が深く、それより相手から学ぶという姿勢で相談を実践することが肝要です。はじめに研修を受けた者同士でシミュレーションしたり、家族などとのコミュニケーションで練習してみてはいかがでしょうか。**

基本的には、ネガティブな言葉づかいをしない、相手のネガティブな言葉をポジティブな言葉に言い換えながら、傾聴する姿勢です。面接では、「承認」「伝え方」などに注意し、何より「人材育成」「育てあい」を目的に楽しく行うことを忘れないでください（図表7-3）。

面談がうまく回りはじめると、翌月あたりから、その成果が職場環境の活気などでみてとれるようになります。大きな問題点

は出にくくなり、ヒューマンエラーも減少します。もちろん組織内、チーム内の絆（エンゲージメント）も深まるようになります。結果的に離職率は低下しますが、離職率低下などより大きい成果が得られます。

1対1面談が導入されていないところでは、物陰で行われる社員の小さな会話の中に、コミュニケーション不足がみられ、人間関係にピリピリした緊張感が感じられることがあります。

モンスター社員への対応

対話することに不安を感じる人が増えています。

スマホ、PCなどによる業務管理が進み、face to faceで話し合う機会が減り、さらに電話で相手と話をする機会さえ減っています。指示や報告・連絡、スケジュールもSNS上で交換する時代です。

SNSによって対人接触の機会が少なくなることで、かつて「モンスター社員」と呼ばれたような、変わった価値観を持つ人間があらわれると、その対応に振り回されることになります。昔は、中小企業なら社長が説得したり、叱ったり、それでダメならクビにしたのでしょう。大企業なら配置転換などで辞めてもらえばよかったのかもしれません。

現在は人材不足だけではなく、多様な人材を受け入れる時代ですから、個人的に「モンスター」だと思っても、現場には貴重な戦力ということもあります。

「モンスター社員」とは、たとえば、自分の仕事への取り組み姿勢や能力不足を脇において、権利をごり押しに主張したり、周囲をさまざまなかたちで巻き込み、会社を批判したり、チームの信頼関係を損なう社員です（よく聞くとその人にも十分な理由があります）。

会社としては労基法上、簡単に辞めてもらうわけにはいきませんし、異動も難しいとなると、そういう社員の存在は組織環境を崩壊させ、生産性を低下させるだけではなく、周囲の人を辞めさせていく原因にもなります。放置するわけにはいきません。

モンスター社員の多くは、わがままな部分をもっているので、表現は主観的・感情的ですが、述べていることは概して正論です。明らかに間違っていることを述べ立てている場合は、カウンセリングなどにつなぐ必要があります。

ある２００人ほどの会社で、筆者は「第三者」として、「モンスター」と呼ばれる年輩の社員と面談しました。

この方は、会社に長くいて、会社のことをよく知り、会社への忠誠心もあるのですが、会社が急成長し、環境に変化が求められたことがどうしても許せずに、周囲の社員を巻き込み（周囲の社員は迷惑がり、最後には口をきかなくなった）、あらゆる局面で上長に反抗し、怠業を続けました。会社としては、辞めてもらってもよいと考えたのですが、正規社員であり、仕事上はとくにクビにする事由はみつからず、筆者に相談が入ったのです。

モンスターはほんとにモンスターか

以下は、筆者とＡさんという社員のおおまかなやりとりです。実際はこれより長いものですが、核だけを書きます。

筆者は、自分の意見を述べず、すべて質問のかたちにしています（＊は、会話の流れの意図を示しています）。

筆　者「こういう事実があると聞いているのですが（Aさんが会社批判をして、周囲を巻き込み、仕事をサボタージュした事実を客観的に述べた）、それについて主張したいことがあると思うので聞かせてくれますか」。

＊客観的事実の確認をしました。

Aさん「私は会社創業時からいて、会社は好きです。昔はうちの会社は今のようではなかった。社長の考えが変わったんです。上司は、役員会で決まったことだけをもってきて、疑問をぶつけても具体的には答えてくれません。このままだと、この会社が崩壊してしまうと思っています」。

筆　者「周囲の人に同調を求めたのは、会社が変わったことに危機感を抱いたからですね」。

＊Aさんの「反抗」理由を傾聴し、あるがままに受け止める（相手の行為を善意に受け止める）

Aさん「自分の行動は正しいと思いますが、会社側は反抗的だと思うでしょうね」。

筆　者「会社側に、自分の気持ちがわかってほしいということですね」。

＊要約の技法（話の本質の確認）。

Aさん「そうです」。

＊Aさんは、筆者の「善意の解釈」を素直に受け取りました。この段階で、Aさんには「気づき」があったと思います。自分の反抗的な行為を、「気持ちを会社にわかってもらいたいから」と理由づけ

したことによって（リフレーミングによって）、自分の態度を反抗的なものとして受容しています。そこで筆者はＡさんの「気づき」の幅を広げます。

筆者　「自分の気持ちを伝えたいけれど、よい伝え方だったと思いますか」。

Ａさん　「よくないとは思いますが、そうするしかないと覚悟しました」。

＊Ａさんは感情的な状況から冷静な自分を取り戻し、自分の行為の振り返りをしています。

筆者　「会社が路線を変更することに対して、それはいかがなものかという意見表明をしたい、ということですね。それなら、どういうふうにしたらうまく伝えられると思いますか」。

＊会社が路線変更をすることへの不安と、それを相手に伝える方法を分けて考えてもらう。

Ａさん　「・・・・」

＊Ａさんは、自分の過誤をすでに確認して、どうするべきかを迷っている様子。でもここまで公に反抗して、自分から謝るという行為に対してはとうぜん抵抗があるようです。

筆者　「会社は、決定事項に対して、社員といっしょに考えるというプロセスがなかったわけですね。Ａさんも、疑問をぶつけはしたけれど、会社に協力するために、納得できるような説明をしてほしいという主張はしていませんね」。

＊筆者は会社側の問題点とＡさんの問題点を指摘しました。自分の過ちを認めたＡさんは、振り上げた斧を納める方法を見つけたいのです。

Ａさん　「（私は納得できるような説明をしてほしいという主張を会社に）していません」。

感情と感情がぶつかりあっているだけ

筆　者「Ａさんが、否定から入るのではなく、素直にこうしたいと、前向きに話したら会社はどう変わると思いますか」。

Ａさん「確かに私の行為はよくなかったけれど、私は会社に貢献してきました。使うだけ使って評価されないのはおかしい」。

＊Ａさんの気持ちが次第にはっきりしてきました。Ａさんの不満は、何らかのビジョンがあるからではなく、社長に自分が積み上げてきた実績を認め、評価されたい（昇格したい）、けれど社長はそれを無視している、自分がやってきたことを否定されたと寂しく感じたようです。自分を認めてほしいという気持ちは誰にでもありますが、Ａさんは確かに子どもっぽいやり方であったことを認めつつあります。

筆　者「おかしいと思う気持ちは理解できます。会社側の問題は脇に置いて考えたとき、Ａさん自身の伝え方は間違っていないと思いますか」。

Ａさん「それは・・・よくなかったと思います」。

筆　者「それに気づいたら、Ａさんはどうするべきだと思いますか」。

Ａさん「謝ります」。

＊本人が自ら解決方法を見つけ、それを自分の口で表現することが大切です。事実をお互いが客観的に考える余裕がなく、互いに感情的になり、感情がエスカレートしていたのです。筆者はここ

ではじめて自分の意見をアサーティブに提案しました。

筆　者「間違っている点があるとすれば、それは素直に謝ったほうがいいですよね。子どもの喧嘩でも、どちらが先に謝るか・・・というのがありますが、大人の場合は、自分から謝ることが大切だと思いますがいかがですか」。

Aさん「そうですね」。

筆　者「Aさんが大人として謝罪したのに上司は謝罪しないというなら、その程度だったのかと諦めて辞めてしまってもよいのではないでしょうか。相手に期待することで、その期待通りの結果に至らないければ、Aさんにとってはストレスが強い環境なのかも知れません」。

Aさん「そうなんです。期待していたんです」

思い込みの爆走

その後の話し合いで、Aさんに、周囲の同僚に対するAさんの態度について振り返ってもらい、謝罪を約束してもらいました。Aさんの話では、周囲の人は、Aさんに賛同していたといいます。

しかし、それは社歴の長いベテランのAさんに、面と向かって反対しづらかったのではないかということも納得してもらいました。ここには、「誰もが自分のいうことに賛成するはずだ」というAさんの思い込みがありました。思い込みが「爆走」したのです。

どこに、この「しこり」のような思い込みがあるのかをいっしょに探るのが1対1面談の意味です。同僚の一人が「私はそうは思いません」と思い切って発言していたら状況は変わっていたかもしれません。1対1面談とともに、率直なグループミーティングの不足も問題になります。

最後に、筆者は、「今のAさんの姿勢を伝えないと、会社側も上司もAさんの話を聞くために時間を割く気になれないと思います。もし、よければ私が橋渡ししますがどうでしょうか」と聞きました。筆者が「第三者」として橋渡しさせてもらうという提案です。これによって、Aさんにとっては、会社側の落ち度を筆者から伝えられることになるので、謝りやすくなったと思います。

喧嘩して、「相手が謝まってくれたらいいな」と意地を張るのは子どもの喧嘩です。子どもの喧嘩で親が教えるべきは、先に謝ることです。そうしたら相手も謝ります。

結局、会社側との対話の機会が設けられ、Aさんは上司と周囲の人に謝りました。会社も十分に説明できていない部分があったかもしれないとAさんに伝えました。

半年後、社長から、「Aさん、すばらしくなりましたよ」と報告がありました。

自分の意見を認めてもらいたい

自分がコンサルタントだから、いうのはばかられますが、米国などでは「第三者」としてのコンサルタントは重宝されています。私も、自分がコンサルタントやアドバイザーとして企業に関わることで「第三者」として会社に貢献しているという自負があります。

とくに人育てなど労務管理については、日本ではあまり重視されていませんが、これがもっとも問題だと思います。それでは、人は辞めるだろうし、人は育たないだろうと予測できます。仕事効率は低下し、とうぜん業績は全般的に悪化します。

経営者の多くは、人が辞めて営業成績が低下すると、人育てをして、モチベーションを上げることよりも、さらに数値管理に集中するようになります。その結果、人がまた辞めるという悪循環に陥ります。

社員がいろいろなことを自由に提案できる環境であれば人間関係が悪化することはあまりありません。むしろさまざまなアイデアが出て、気持ちが一つになれば、モラール（士気）がアップし、会社の業績にもつながります。

社員が会社の現状に危機感を覚えて、上司に改善提案しても、「そんなことはいいから自分の仕事をやれ」といわれそうな職場なら、指示されたことだけを行います。

そういう企業にかぎって、経営者は、「うちの社員はいわれたことしかやらない」といいます。**部下の提案はそのまま使えないものかもしれませんが、提案があること自体が重要であり、磨いていけばいいアイデアに成長するかもしれません。**

出かかった芽を摘み取ってしまったらイノベーションはできません。

ある研究によると、社員が１００人いれば25人は自分と気が合わないと感じるそうです。ですからボスが、すべての部下から気に入られようとして、場当たり的にご機嫌をとるのは非生産的です。馬の合う合わないはラポール形成にはさほど重要ではありません。それより部下のよい意見を吸い上げて業務効率を高めることが先決です。人は自分の意見を認めてもらいたいのです。

職場では、自分とは馬が合わないけれど、きちんと仕事をしている人なら、自分と馬の合う人を通して間接的にほめると、伝言ゲームのように本人に伝わり、いい関係が築けることがあります。人は、直接ほめられるより、人づてにほめられることで満足感は大きくなります。これを「三角効果」といいます。

逆に、リーダーに近づいてご機嫌をとる部下もいます。このような部下との距離はある程度置く必要があります。人間的に仲がよい場合でも、仕事については別に考えます。

ある程度の距離を保ち、でもときどき「話をしたい」と思わせるような関係づくりが大切です。どのような部下でも心の架け橋であるラポールが構築されていないと、面談で「何をいわれるかわからない」という不安を抱かせ、面談そのものが逆効果になります。繰り返しになりますが、面談では、KPIなど課題を話すだけではなく、「この部分、よくがんばってますね」と一点でもいいから承認を与えることが重要です。

第八章

強いチームは個人の成長から

～納得できる個人目標の立て方

人事評価は人材育成が目的

1対1面談の効果は、働く人のモチベーションを高め、職場のコミュニケーションを円滑化し、離職率の低下などにあらわれます。これらは数値的な会社業績につながるはずです。

一般的な会社では、人事評価の面談が年1、2度行われます。社員は個々に、会社にどんな貢献ができるか、大まかな目標を立て、それを上司とすり合わせて目標設定をします。人事評価の面談では、目標の達成度をチェックしながら評価することが多いようです。

しかし、もともとの人事評価制度の目的は、社員の業績評価という「結果」ではなく、社員の成長を促すことに重点があります。会社の理念やビジョンに合わせて個人目標を設定することで、会社やチームを強くすることが目的です。

ですから、簡単な「目標シート」をつくって、本人と上司がそれをチェックするだけでは、100点満点の目標シートから減点していくというネガティブな作業になります。それでは人材育成には結びつきませんし、リーダーシップの育成にもつながりません。

1対1面談で作成する個人目標は、組織やチームを成功に導くために設定します。このとき重要なことは、本人が納得し、やる気になってもらう目標を設定することです（図表8-1）。

そのためには、まず、本人に社会人として、5年後の「なりたい姿・人物像」をはっきりイメージしてもらいます。

「社会人として」というのは、会社の業績だけではなく、仕事を通じて自分がどのような社会貢献をで

図表 8-1　個人目標の設定と質問

1.ビジョンをつくる→「５年後、どんな人になっていたいですか」（業績、社内役割、社会貢献、人柄など）
2.目標設定→「それには何をすればいいと思いますか」
3.サポート態勢の形成→「その目標のためにはどんなサポートが必要ですか」
4.マイルストーン設定→「５年後の目標を達成するために、この１年で何を目標としますか」「この１か月の目標は？」
5.個人目標はチーム内で共有するとともに、チームのビジョンをつくる

きるかを考えてもらうことです。会社の理念・ビジョンやコンプライアンス（企業倫理）を自覚してもらうことでもあります。

「なりたい自分」のビジョンに向けて、そこに至るまでの小さな里程標《りていひょう》（マイルストーン、スモール・ゴール）をいくつかつくります。５年後のビジョンなら、まず最初の1年にはここまでやりたい、といった目標をつくります。

成功できそうなマイルストーンであることが大切ですが、達成が容易すぎるものでは意味がありません。といって高すぎても自己否定にしかなりません。目標の大小は、その人の成熟度・能力で異なりますが、本人の努力だけではなく、それをサポートする上司の役割も大切です。これも個人面談で決めます。ですから、個人目標やマイルストーンづくりは、個人（フォロワー）とその上司（リーダー）の共同作業になります。

個人目標は、チーム内で共有し、チームメンバーが、互いに個人目標をサポートするように働きます。リーダーは、そのような環境づくりを整えます。部下が個人目標を達成するためには、上司がその後、どのようなフォローをするのかに関わります。ですから人事考課の1対1面談は、人間関係の入り口です。

1対1面談で設定された個人目標はチームで共有され、チーム目標をつ

くるときに使います。リーダーもまた上司とともに個人目標をつくり、チームと共有します。

日本人は遠慮がちに将来ビジョンをつくる傾向がありますから、リーダーはそれぞれの能力、レディネス（心の準備）を最大限に引き出すような目標設定を促します。

悩む新人を支える

しかし、多くは、「5年後の自分像なんてわかりません」といいます。若者だけではなく、年輩者も同じです。「5年後にどんな人間になりたいか」と聞かれて即答できる人は多くないと思います。

諦めないで時間をかけて考えてもらいます。しかし、はじめの面談では難しいと思いますから、質問のハードルを低くします。たとえば、

「仕事を楽しくするためにはどんなことが必要だと思いますか」。

個人的、環境・組織的なものを問わずに、答えてもらいます。それでも答えが難しいようなら、さらにハードルを低くします。

「毎日の出社を楽しみに感じるためには、どんなことが必要だろう？」。

小さな楽しみを見つけてもらったり、チーム内の人間的な問題点が浮上してくるかもしれません。

出社そのものに対して、必要以上のストレスを抱えている人は少なくありません。もちろん、遅刻、早退が多い人には、リーダーはその原因を知る必要があります。

「仕事に楽しみが見いだせない」「自分の役割に対して自信が持てない」「人間関係がいやだ」などのほか、

家族事情や本人の身体的事情などさまざまな理由があります。

組織的に改善できる点はいっしょに考え、個人的な問題については、毎日、楽しく出社できるような目標を立ててもらいます。楽しいことを10個あげてもらって、それが実現するためのサポートをしたり、仕事内容の軽減などを考えます。

とくに入社2、3か月目の新人では、「自分の価値を見いだせない」「社会の厳しさを感じる」といった不安があります。いろいろな場面で、経験も知識もついてくることで乗り越えられるので、その都度いっしょに考えて相談できる先輩がいると安心できます。

リーダー自身が年齢や相性などの問題でメンター的な関わりが難しいのなら、外部機関のカウンセラーと連携し、若い世代に即席の「メンター」を指名して、さまざまな悩みの相談係にする方法もあります。

独立したい人を応援する

仕事に不安を感じている社員がいるいっぽうで、将来的に「起業したい」と、たくましく考えている人もいます。

この場合も、リーダーは相談に乗ります。

リーダーは、「何年くらいで実現したいのか」「そのために必要な準備は何か」をいっしょに考えます。上司は、必要なスキル、知識を与え、チーム全体でサポートする態勢をつくります。たとえば、「最初の1年でチームをマネジメントするためのフォロワーシップを獲得する」といった目標を定めます。

ばくぜんと、ただ「いつか社長になりたい」という人に対して、「○○もできないのに、実現するわけがない」というようなネガティブな回答はもちろんNGです。むしろ実現に向けたビジョンづくりを手伝います。

面談者「何年くらいでそうしたいの？」。

面談相手「年数は考えていません」（内心では○年をめどにしたいと思っていても、上司には「独立」をいいにくいものです。）。

面談者「何年か目標がないと、いつまでも実現しないから年数を設定したほうがいいと思うよ」。

面談相手「自分が知り合った社長の話を基準に考えると、○年くらいでそうなりたいと思います」。

ここまで本人にはっきりしたビジョンがあれば、教育的サポート、経営的理解などを進めるようなプログラムをいっしょにつくります。マイルストーン（スモールゴール）を長期・短期に設定します。また、会社が用意する環境（面談、研修、賃金など）に対して、きちんと金額を算定し、これを上回る貢献も考えられるようにします。

「せっかくの有能な人材に独立されたら困る」と思うかもしれませんが、そういう人材は、会社に認められて承認欲求が満たされると、「もっと上を目指したい」と、独立ではない方向に軌道修正することも多くあります。**むしろ能力を最大限に伸ばしてもらって、組織の発展につなげ、その実績をもとに独立させることは、会社の教育システムを実証し、採用力に強みが得られます。ダルビッシュや大谷翔平が選んだ日本ハムファイターズが、その例かもしれません。**

むしろ、独立したいという気持ちを隠していたら、1対1面談で常に本音と建て前の乖離《かいり》が起こり、腹を割った話し合いができなくなります。

「リーダーになりたくない」

どの産業にも人材は少なくなっています。新卒採用をコンサルティングしたり、紹介をする会社の経営者と懇親会で知り合いました。とにかく豊富な経験を持ち、成功報酬型の紹介で実績がある人です。

「介護人材の紹介は行わないのですか」と聞いてみたら、「介護の仕事にやりがいがあるのはわかるけれど、年収モデルで努力しても報われず、紹介してその人が幸せになれる感じがしない」と言うのです。

確かに介護職で年収８００万円が実現するのは非常に難しいのが現実です。しかし、そのような現実の中で、介護の道に進む、人の人生に関わる仕事を選ぶ人たちが少なくありません。その人たちだからこそ快く活躍できる環境づくりをする必要があると思います。

ある介護施設で、上層部は、キャリア4年のスタッフのH子さんに、チームリーダーを任せたいと話し合いました。しかし、よくあることですが、本人が受けようとしません。そこで、一度話してほしいという依頼があり、私が直接本人と話すことになりました。

H子さんは、介護の仕事は好きなのですが、責任ある立ち場になりたくないといいます。

「自分には、人を引っ張る力がない」というのがその理由でした。介護の現場だけではなく、よくありがちなのは、人に説明して人を動かすより、自分一人で処理するほうが簡単で早いという考えです。H子さんは、いろいろな仕事をテキパキこなします。

それは、そのほうが早く、事故もなく仕事ができるということもありますが、ほかの人が今でも忙しいのに、さらに仕事を与える気になれないということもあります。

しかし、果たしてそれだけが理由なのでしょうか。私は、H子さんの本音がどこにあるのかを聞きだそうとしました。

「H子さんが、リーダーになってチーム内外からサポートを十分受けられるとしたら、それでもリーダーになりたくないと思ういちばんの理由は何ですか」。

H子さんは、いいづらそうに間を置いてから答えました。

「仕事は楽しいのですが、自分の私生活を大切にしたい。上司のIさんのように、休みの日でもスタッフに電話連絡して、シフトの穴を埋めたり、自分で穴埋めをするのはいやです。休みの日は休みたい」。

もちろん、私は「それはすばらしい意識です」と答えました。そのあと、私は、次のようなことを話して、H子さんにリーダーになることを快諾してもらいました。

介護は福祉からビジネスに

この時代、介護の仕事だけではなく、休みのときはプライベートを楽しめる働きかたが重要です。かつて介護は「福祉」として自治体、社会福祉法人が担っていました。そのころは「サービス」という言葉のかわりに「措置《そち》」といわれていました。

福祉は「慈善事業」から生まれたもので、ビジネスとは異なります。困っている人がそこにいるのに、「勤務時間を過ぎたから帰る」というわけにはいきません。食事時間が長びけば、その人に寄りそって食事が終わるまで付き合うのは当たり前のことでした。

準公務員としての安心感（給与は高くないが、長い目で見て不況に強く暮らしていける）もありました し、福祉を担うという使命感がありました。

今の介護職員のように分刻みに移動することがなかったのは幸いですが、その時代の考え方が今でも中途半端に残っています。

介護保険がはじまって20年たち、介護業界もまたビジネスであるという認識が強まりました。

今や「介護は福祉であってビジネスではない」という発想は間違いです。そのような発想は、ビジネスは「悪」であり、ビジネスは利潤だけを求めることが前提になっています。しかし、社会貢献のないビジネスはビジネスではありません。どんなビジネスにも社会的な意味があります。

今後、日本は、海外に介護技術やその考え方、人材開発の方法などを輸出することになると思います。また企業が培《つちか》ってきたマーケティング的な発想を取り入れてサービス力を高め、お客様に選ばれる介護を追求する時代です。

かつてのように慈善事業的な発想で介護を行う事業所は、今や、むしろ「ブラック」です。今後は、介護業界を「ホワイト」と思ってもらえるように、誰もががんばらないと、介護事業そのものが健全なかたちで生き残れません。今いる人材で、会社の仕組みを少しでもよくしていこうと考えたとき、H子さんのいう「ワーク・ライフ・バランス」（WLB、仕事と私生活をバランスさせること）は最重要項目の一つです。そのためには残業をしない、休みの日は休む、といったことが可能な環境でなければいけません。ですから、H子さんには、今、「問題」としていることを「課題」に変えて提案していくような立ち場になってほしいといいました。

H子さんは、「もしこの会社がそんな会社になっていくなら、すごく楽しいイメージができます」と答え、リーダーを引き受けてくれました。

私は、H子さんのような人に、会社の人員態勢とか、人件費率とか、さまざまな課題をいっしょに考えてほしいと思います。社員が、このままでいいと思って、同じことを繰り返していたら、介護事業所の行く末が見えてしまうだけではなく、介護そのものが理念のない貧困なものになります。

「日本人が嫌がる」という理由で、外国人を介護者にするという発想は不健全です。介護はそんな「骨」のないものではありません。そもそも外国人も嫌がって別の業界に移ることは容易に考えられます。外国人が介護に携わってくれるというなら、介護のすばらしさをいっしょに担ってもらえるような態勢をつくる必要があります。

リーダーが役割を果たしながら、自分の休みをいかに充実して送れるかを考えるのでなければ業界全体がよくなりません。今、筆者が取り組んでいるのは、突然の病気などによる欠員をスポットの介護者で充当できる仕組みを成立させることです。介護事業所としては、利用者も、サポートスタッフも犠牲にならない方法を業界全体で考える必要があります。

体面よりラポール形成

先述のように、リーダーとフォロワーが1対1で行う面談には、週1回行われる30分程度の「ショート面談」、3か月に1回程度、長めに行われ、人事考課につながる「ロング面談、人事考課面談」があります。

ロング面談は、個人目標の達成度の評価や、キャリアアップで次のステージをどうめざすかといったテーマを設定して計画的に行います。

おおよそ1時間くらいが目安です。上司と人事部門の2人が2対1で行うのが基本ですが、人事部がなければ上司が1対1で行います。

継続実施であれば、「その後はどうですか」「がんばっているけど困ったことはない？」など、自分が部下の課題を共有して考えていることを伝えます。

ロング面談では、業務を通じて仕事の習得度を確認しますから多少時間を要します。週一のショート面談は、面会室でなくても、リラックスできるようなミーティングスペースを用いて行います。

ショート面談では、基本的にはどんな本を読むかなど、業務に関係した本の内容を話したり、「あいさつがとても気持ちよくできてますよね」「雰囲気が変わったよね」「承認の声かけが多くなったね」といった事実を伝えたり、確認を行います。

「最近、読んでいる本はありますか」など、本の話を振った際には、リーダーは「このことについて、どんな本を読んだらいいのか」というアドバイスを求められるかもしれませんから自分もそれについて勉強する必要が生まれます。

「一年で予定していた目標が、もっと早く達成しそうだね（あるいは長引くかもしれないね）」と設定目標の達成期限の長短の話になるかもしれません。

どちらの面談でも、動機づけ、やる気を起こすといった見守りが中心です。面談は楽しく有益なものであるように心がけます。ショート面談は、ときには10分程度で終了し、週2度あってもいいと思います。

多くの部門で「面談」がありますが、面談の質そのものが、チームマネジメントに大きな影響を与えると考えてください。部下とのラポールを形成するには、相談相手の気持ちを優先し、相手が安心し、信頼し、頼れる人だなと思ってもらう努力が必要です。

上司としての体面を気にしすぎて中身のない面談になったら何もなりません。リーダーもまた部下から学ぶものという謙虚さがなければ面談は成功しません。

「第三者」を活用する

自分のことを嫌いな人を好きになることはできますか。

きっとどこかに誤解があると思います。まず、その人に興味をもつようにします。この人はどんな人なのだろう。どういう価値観を持っているのだろうと考えます。

自分のことを好きだ（少なくとも嫌いではない）と感じる人に対しては、人は不快感を持ちにくいはずです。面談だけではなく、ふだんの生活や仕事でも、まず「私はあなたに関心がある」と示すことも難しくありません。

しかし、「上司とはそもそもそりが合わない」と考えているスタッフも少なくありません。そういう場合、本音はなかなか出てきません。そう思う部下と面談しても、コミュニケーションが空回りすることがあります。とくに、「リーダーシップとは、メンバーを引っ張り上げることだ」という旧来の考え方にとらわれている上司は、冗談を一言でも交わしたら「話をした」と思うのですが、部下は「話を聞いてもらった」

とは思いません。部下は「この上司とは気が合わないな」と思ったら面談が憂うつになります。

上司は、ショート面談で、傾聴し、承認し、ネガティブな言葉をポジティブなものにリフレーミングし、やる気になってもらうことを心がけます。

もちろん面談だけではなく行動でもそれを示します。上司は、たとえ気が合わないと思っても、部下に、「いっしょに考えてもらいたい」と思ってもらうことができるように、時間をかけながらラポールを形成します。何度も繰り返しますが、ラポール形成と「ご機嫌とり」はまったく異なります。面談ではラポールは必要ですが、適切な距離も必要です。

しかし、どうしてもラポール形成が難しいようなら、先述のように、直接、本人に、「信頼できるリーダーはいますか」と聞いて、その人に同席してもらいます。面談のときは、そのリーダーを通して、部下に仕事上の「気づき」を持ってもらえるように伝えます。

面談者はあくまでも自分です。場合によっては、社外の「第三者」や、自分の上司などに代わって聞いてもらいます。社外の「第三者」のほうが話しやすいとは思います。

介護の場合で、ちょっと面白いことがあります。

先述のように、認知機能に障害がある人の中には入浴を嫌う人がいます。介護者が何とか入浴をしてもらおうとするのですが、「どうしてもいやだ」といって動こうとしません。

そんなとき、別の介護者が「正義の味方」のようにあらわれて、「○○さん、なんだかうるさくいわれていたけど、お風呂にでも行かないですか」と誘われると、すんなりその言葉に従うことがあります。

とくにその介護者がベテランという必要もありません。声かけのバリエーションで気分が変わるのです。

ですから、「ちょっとつまずいたな」と思ったら、ハイタッチして別の人にとりあえずバトンタッチするのも手です。「性に合う・合わない」というのも、ちょっとしたバリエーションの違いということがあります。

直接面談できなくても、その人がやりがいをもって働いているのであれば、組織として問題ありません。

相手を「部分肯定」する

上司の勝手な行動を批判する人がいるいっぽう、「部下がいうことを聞いてくれない」と訴える上長がいます。おうおうにして互いにそりがあわずに、直接ものがいえない状態です。

こういう場合、第三者（アドバイザー）が中に入ることで解決することがあります。

ある相談で、アドバイザーが上司・部下から話を別々に聞くと、上司側に2つの問題点が指摘されました。一つは、業務のなかで上司としての役割をきちんとこなしていないこと、もう一つは、自分の感情を露骨に出すことです。上司側の話では、部下を面談しようと思っているが、「相手が嫌がるからやらない」といいます。

業務上の役割をそれぞれが果たしていないのです。この状態を解決するためには、さらに上の上司に個別に相談することになりました。

ラポールには2つの局面があります。業務上のラポールと、人間的なラポールです。両方ともに形成されないと、生産性は上がりません。

一度、関係がこじれると元に戻すのが難しいことがあります。そういうときは、相手を全部受け入れら

れなくても、部分的に受け入れるようにします。「あの部分は嫌いだけれど、全部ではない」と認識することが大切です。それは自分の認識のありようを見直すきっかけになります。

誰でも自分の価値観をベースに部下の行動をはかりたくなります。自分の価値観をどうしても部下に共有させたい、それができないことからイライラする。実は、このような場合も、冷静な「第三者」が仲介に入ったほうが解決が早くなります。

第三者は、それぞれのよいところ悪いところを整理して、直せるところは直してもらうようにすすめます。組織やチームを閉鎖的に考えて一人で悩まないで、開放的に考えることで出口が別にあることに気づくことができます。

仕事は個人ではなくチームで

個人目標は、例外なく社長はじめすべての社員が1対1面談でつくります。

個人目標をチーム内で共有したら、それを基軸にして、チーム（セクション）で話し合い、チームのビジョン、目標をつくります。

退職者が出て、新しいスタッフを迎えたら、もう一度チームで共有しなおすことも重要です。

たとえば、ある介護事業所では、「理念」を「人に光を」にしました。地域住民が安心して暮らせる街づくりを、高齢者介護から支えるとともに、施設利用者だけではなく、社員や家族にも光をあてたいという意味です。

その会社が持っているいくつかのグループホームでは、それぞれフロアごとに、会社の理念と個人の目標をすりあわせながら、「フロア目標」（チーム目標）をつくっています。

一つのフロア目標は、「会話のあるフロアづくり」でした。全員ミーティングで、そのフロアが1年でどのように変化すると望ましいかを話し合い、一人ひとりが具体的なイメージを発言しました。リーダーは発言の一つひとつから、そこに共通する理念を取り出して、一つの言葉にまとめます。

格好をつけるより、イメージしやすく、実現性が高いことが重要です。また、その実現が確実に職場をよくするという確信を、全員で共有できるものがベストです。

そのほかのチームでは、「スタッフ間で情報共有がしっかりできるチームをめざす」「一人ひとりに目を配り笑顔でいこう」「声に耳を傾けよう～一人一人の声によりそう」などにまとまりました。どれも実用的で職場を明るくする内容になっています。

また、このチーム目標に反するような行動に対して「合い言葉」をつくるのもいいアイデアです。「それはチーム目標からズレているよ」と注意するのではちょっとパワーがいりますが、「理念に帰ろう！」とか「コースインしよう」など何でもいいのですが、他者にはわからないけれど、「あっ」と気づかせる軌道修正法として「合い言葉」を決めておきます。合い言葉は「愛言葉」です。チーム内の合い言葉は、相手を想い、相手を知っているからこその愛言葉です。ちょっとした注意喚起ですから相手を傷つけないように、ユーモラスなものがいいかもしれません。

フロア（チーム）目標が決まったら、その後、２フロアずつ合同の全員ミーティングで「施設目標」を考えます。出席者は20人ほどになります（この会社では、一つのグループホームが２フロアで構成されています)。

話し合われたものは施設長(グループホーム管理者)がまとめます。このとき、施設目標は、「家族、スタッフ、利用者に光を与えるとともに、与えられる環境づくり」というものになりました。サービスを一方的な価値観で提供するのではなく、協力しあい、与えてもらえるような人間関係をつくることが目的です。

個人目標、フロア目標、施設目標は、それぞれが同じ軸を持ちます。個人目標と施設目標に多少距離があっても、矛盾しなければ問題ありません。その後は、それぞれの目標に「ぶれ」がないかを確認しながら個人が仕事をすることになります。リーダーもその確認作業をショート面談で行います。

介護では、利用者が、個人的な希望を介護者に主張します。介護者は、「これをして」「あれをして」と利用者に頼まれたことに、介護保険法や会社のガイドライン、与えられた時間などに照らし合わせながら、できること・できないことの微妙な判断を迫られます。その結果、「それは致しかねます」「かしこまりました」と介護者によって判断が異なることがあります。

しかし、チームミーティングや合同ミーティングで発言されたさまざまなイメージが共有されていることで、個人個人の判断にぶれが生じにくくなります。

チームで話し合い、それぞれの目標が決まれば、個人がどこまで判断できるかがクリアになり、地域の人、利用者、利用者家族に対して、施設の考え方（個人のではなく）をきちんと説明でき、地域の人との共同関係がとりやすくなります。「私はそうしたいんですけど、会社がうんといわないと思うんですよね」といった言い逃れはとても醜いものです。

チームは「人の集まり」ではなく、「目標やイメージを共有した人」で構成されています。どんなイメージを抱いたチームかによって、そのチームの働きや質が決まります。

1対1面談で発言力を養う

1対1面談のよさは、2人だけで培われた「発言力」が小人数のミーティングで生かされ、さらに大人数のミーティングでも発言しやすくなることです。

1対1面談は「アサーティブ・コミュニケーション」（166ページ）の基礎になります。コミュニケーションには、「アサーティブ・コミュニケーション」「アサーティブ型」、「アグレッシブ（攻撃型）」、「ノン・アサーティブ（消極型）」の3タイプあることは先述しました。

リーダーは、自分自身が「攻撃型」（断言型）にならないように注意します。自分ではそのつもりがなくても、つい価値観の押しつけをしがちなものです。

また、部下がノン・アサーティブ（消極型）にならないようにミーティングなどで発言を促します。リーダーは、部下に「承認」を与えることで、部下に自信を持ってもらいます。

自分に自信がなければ意見も出ませんし、やる気にもなれません。「あなたにはこんないいところがある」ということを強調して、どんな発言でも受け入れます。ちょっと見当違いな発言に対しては、言い換えることで（リフレーミングすることで）、「こういうことだね、すばらしいね」と承認を出します。

それによって部下は、積極的にミーティングで発言することができるようになります。またそのように仕向けることがリーダーの役目でもあります。

リーダーの役割は、「人を率いる」ことより、「人を育てる」ことです。それがマネジメントの近道であり、それによって自分自身を育てることができます。

介護サービスでいえば、利用者にも「攻撃型」「消極型」がいます。声の大きさで待遇に差が出ないように注意します。攻撃型の人に消極型の人がいつもストレスを抱えているような環境は修正する必要があります。

先述した事例で、認知機能が高い人が、認知機能の低い人を責めるような場合がそれです。スタッフ全員が、声の大きい人に集中的に気をつかい、振り回されないようにします。

その場合でも**基本的な解決方法は1対1のラポール形成です。「1対多」で考えるのではなく、人間関係は常に1対1を基本に考えます。「あの人は問題」と考えるのではなく、課題として向きあいます。**これは、精神医学から出発した「交流分析」でも説明されていることで、複合してこじれた人間関係を修復するには、誰かが誰かの気持ちになることで解決方法を探ります。

英語で、相手の立ち場になることを、「相手の靴を履く」というそうです。相手の靴を履いてみて、自分や周囲を見渡します。そこに別の世界があらわれるはずです。

言葉足らずの「攻撃型」

チームの混乱が、実は一人のリーダーによってもたらされることがあります。

チームメンバーは、そのことに気づかず、人間関係が錯綜《さくそう》し、目の前の火の粉をはらうのに汲々とします。リーダーはそれをいいことにアグレッシブを強めます。

リーダーがアグレッシブ・コミュニケーションをしていては、よい仕事はできません。どこかに必ずひずみが起こります。そのような場合、こじれた人間関係を「1対1関係」に還元して、誰かがそのひずみをリーダーに伝える必要があります。これはリーダー（まとめる側）に対してフォロワー（まとめられる側）の役割・機能です。フォロワーシップが組織に備わることで、チームの質が高まり、チームメンバーの意思疎通が円滑になります。

チームの総意をリーダーに伝えるときは、「みんながこういっている」ではなく、まず事前準備をして、「承認」「リフレーミング」を想定してからリーダーと交渉します。このときの交渉力は必ず将来の役に立ちます。それでもリーダーの納得が得られなければ、「第三者」やその上の上司に聞いてもらいます。それも「フォロワーシップ」（従う者の姿勢）に欠かせない技術です。

リーダーの中には「アグレッシブ」のつもりではないのに、クセでそのような話し方になり、ラポールを築けない人がいます。たいていの場合、自分では気づかないのですが、言葉が足りないのです。

たとえば、部下の提案に反対するとき、「この提案もいいけど、今回はこういう理由でこっちでやってみたい。これは次に回そう」といえば、部下も納得できます。ところが、「この提案もいいけれど」も理由の説明も省いてしまい、「これでやる」と一方的に宣言してしまうと、部下からは「勝手にやれば」という反応が返ってきます。

説明が苦手な人もいます。反対されるのを嫌う人もいます。自分では気づかないアグレッシブタイプの人が多いので、こうした旧タイプのリーダーは、むしろ1対1面談で傾聴者として自分を振り返り、クセを直すいい機会にしてください。

言葉足らずの攻撃型は惜しい人材です。ある程度の業績は出せても、チームは育ちません。フォロワーとラポールを築くにはもう一歩です。

クレームも伝え方次第

リフレーミング（言い換え）によって、相手に気づきをもたらしたり、事実を把握してもらったり、相手のネガティブな考え方をポジティブなものに置き変えていきます。

アサーティブ・コミュニケーションでは、ポジティブ・シンキングを行いながら、まず、ものごとの真実を浮き彫りにします。その後に、自分の気持ちを冷静な言葉で伝え、それから自分の意見（提案）を述べます。

自分の上司に、不正かどうかわからないがグレーな行状を見いだしたとき、それを本人に確認するのはちょっと骨が折れる作業です。黙っていると、不信感が強くなり、ラポールが築けません。

フォロワーシップとして、その人自身にアサーティブに伝える方法を考えます。

「部長、お忙しいところ申し訳ありませんが、私が調べていたら、部長がつくられた企画と類似したものが他社から出ています。他社が疑問を抱くようでは困るので、お話をお伺いしてもよろしいでしょうか」。

相手に伝えたい自分の主張を「アイ・メッセージ、I-massage」といいますが、相手の心が読めないとアイ・メッセージは不安なものです。相手の立ち場になり、相手の気持ちを最大限に尊重したうで、アイ・

メッセージを発信します。この事例では、「自分はあなたを尊敬しているが、他社が疑問を抱くのは困る」という点を強調してアイメッセージを出します。

アサーティブ・コミュニケーションは、さまざまな文化を持つ移民が集まってできた米国で発達したものです。

黒人差別、移民問題、性差など、個人の主張の強い米国では、「アサーション権（自己主張する権利）」というものがつくられています。

アサーション権そのものにも、さまざまな主張と定義があります。基本的には、「尊重される権利」で、「自分の行動を自分で決め、その責任を自分でとる権利」と定義されるいっぽう、「自己決定しない権利」というものもあります。

いずれにしても、どんな自己主張も尊重されなければならないということです。たとえば、レストランで、皿に小さな汚れを見つけたら、店の人を呼んで注意することを保障する権利です。そのことで「クレーマーと思われないか」とか「自分がつけた汚れだと反論されないか」と心配せずに主張することを保障するわけです。

「せっかく楽しみにして食事にきたので、すこし残念な気持ちになったのでお伝えしました」というように素直な気持ちを伝えます。

日本では、すぐ妥協してしまう人が多く、そのためアサーティブなコミュニケーションが発達しません。アサーティブ・コミュニケーションが教育されないから、言いそびれるということがあるだけではなく、相手に伝える伝え方が乱暴（アグレッシブ）になることがあります。

「味噌汁に髪の毛が入っているじゃないか。こんなものをおまえの店では食わせるのか」といえば、けんか腰になります。乱暴にいわなければ相手に伝えられないと思うのか、こちらが不利になると考えるようです。

しかし、「味噌汁に髪の毛が入っていました。もしかしたら私のかもしれないと思ったのですが、違うようなので替えていただけますか」といえば、互いに気を悪くしないですみます。

米国のように、アサーション権は、相手への「伝え方」とセットで教育される必要があります。

「長い目」を養う勇気

リーダーになるなんて、向いていない。人に嫌われたくない、と考える人もいます。

確かに、リーダーは、部下に伝えにくいことを伝えることが多くなります。

私は、それが合理的な判断で、相手を想う気持ちを添えて伝えても、相手に嫌われるなら仕方ないと思うことにしています。

人は、生まれてから少しずつつくられてきた価値観をもって生きています。それはほかの人にとっては「思い込み」でしかないかもしれません。たとえば、知らず知らずのうちにいろいろな「差別」の中に生きています。ビルを掃除をする人より、そのビルの社長のほうが「偉い」と考えるのは当然のことかもしれません。

でも、ビルを掃除する人の子どもはそんなことは考えません。むしろ、真摯に掃除をしている父親のほうが偉いと思うかもしれません。私たちは、いつの間にか社会秩序の中で、お金のある人のほうが偉いという「教育」を受けています。

米国のアルバート・エリスは、１９５０年代に「ＡＢＣ理論」を提唱します。とても重要なので紹介し

図表 8-2　ABC理論：出来事は変えられないが、捉え方は変えられる

合理的な信念体系⇒適切な対応
非合理的な信念体系⇒神経症的な対応

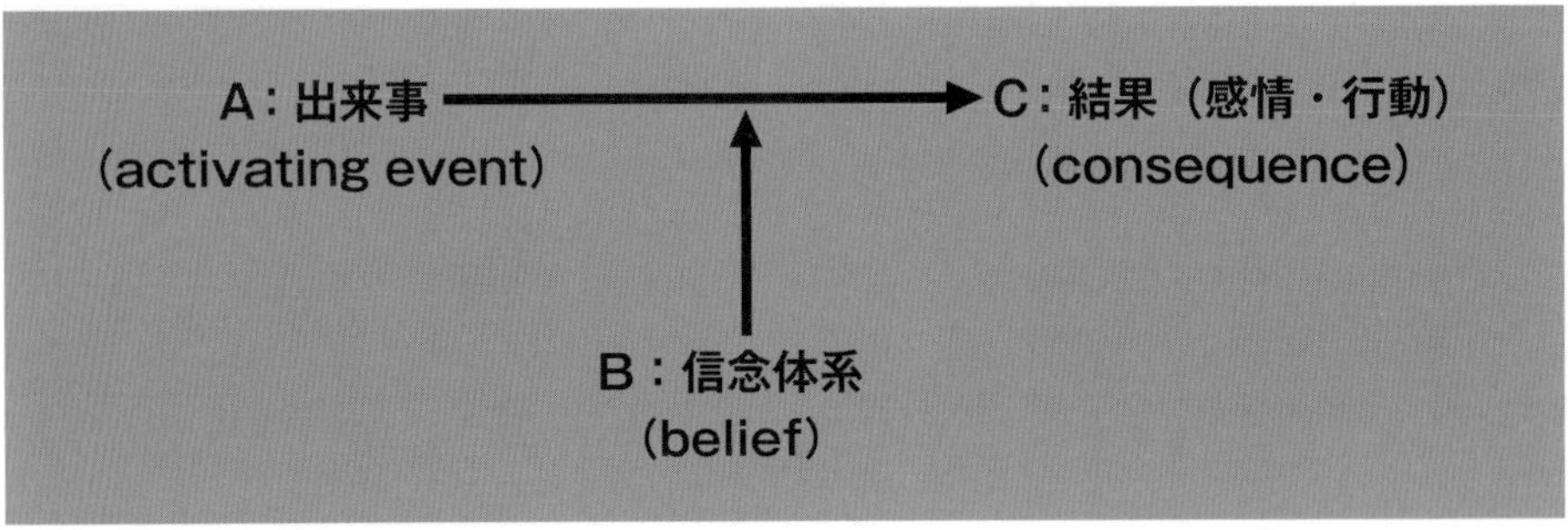

A（出来事、状況）：失敗や、大事な目標が達成できなかった、願いがかなわかったなどのさまざまな出来事や状況
B（信念体系）：Aの受け取り方
C（結果）：失望や怒り、悲しみや不安の体験
その人の感情や行動に最終的な影響を与えるのは、出来事・状況ではなく、その受け取り方（B）

ます。（図表8-2）

さまざまな出来事（A、Activating Event）を、私たちは必ず自分の価値観のフィルター（B、Belief）を通して見聞きしたり、体験します。同じ出来事を体験しても、ネガティブな人にとってはつらいだけの出来事でも、アクティブな人にとって「よい体験」となります。

すべての出来事は「生のまま」そこにあるのではなく、一人ひとりの価値観のフィルター（B）を通してあります。その結果（C、Consequence）を、絶望したり、不安に感じたり、よい経験にするなど、さまざまな感情で捉えます。

ABC理論では、このフィルター（B、価値観、信念）に自ら向き合い、それを意識することで自身の捉え方を変えるように仕向けます。

たとえば何かを失敗したら、「失敗しなきゃ成長もない」という価値観の転換をはかります。これはリフレーミングですね。

人が落ち込むときは、たいていは不合理な精神に陥っています。人間は失敗する（ヒューマンエラーをする）動物ですから、いつまでも絶望のままに自分を置いておくのは不合理です。反省したら、失敗を繰り返さない合理的な方法を考えます。

といっても人の価値観は簡単には変わりませんから時間をかけます。同じことを繰り返して言っているうちに次第に変化していきます。

これは精神医学の認知行動療法などでも同じです。精神科疾患のある人に対して、認識の間違い（「自分の考えが、みんなに見られている」など）を時間をかけて修正していきます。

もし自分の判断に確信が持てるなら、相手に嫌われたとしても、相手は、今、まだ理解できない状態なのです。長い目でみて関わっていく必要があると思うことです。「長い目」を養うことは、覚悟のいることでもあり、また自分の寛大さを養うことでもあります。

アサーティブ（主張的）になるためのトレーニング

リーダーとしては、アサーティブ・コミュニケーションのトレーニングが大切です。

リーダーの中には、「ノン・アサーティブ（消極型で非主張的）」タイプの人がいます。

自己肯定感が低く、自分に自信があまりありません。ですから自己主張せず、自己主張の強い人に合わせる傾向があります。

しかし、こういう人は、相手の気持ちになって話を聞くことができます。相手がどういう気持ちで言っているのかを考えながら傾聴しています。ただ、相手の価値観にフォーカスするのは得意ですが、その気持ちを汲みすぎて自分の気持ちは押し殺してしまいます。リーダーとして、自分の気持ちを語るには勇気が必要です。どの表現ならその場にふさわしいかを、失敗体験のなかでトレーニングしていきます。

子どもはしょっちゅう喧嘩をしていますが、すぐ仲直りします。大人になるとこれができなくなります。体面もあるし、価値観が強固にできあがっているからです。しかし、単に価値観の違いであれば、喧嘩をする必要もないし、たとえ喧嘩しても合意点をみつけられるはずです。価値観の違いで喧嘩をしているのに、感情的になると、つい相手の人格まで否定することで仲直りが難しくなります。アサーティブ・コミュニケーションが下手なのです。

アサーティブ・コミュニケーションでは、自己主張は客観的に行われますから、互いの価値観の相違がどこにあるかがはっきりします。ここに感情を挿入すると、すでに喧嘩は「負け」です。

アサーティブ・コミュニケーションは、もちろん会社だけではなく、社会生活をするうえで重要です。価値観のぶつかり合いは当然あり、それをどう乗り越えるか、つまり合意点をどこに見つけるかもリーダーの知恵の出しどころです。

ある幼稚園の庭で、気が強いＪ君は、気の弱いＫ君のオモチャを横取りしてしまいました。大人の世界でもよくあることです。あなたが大人として仲裁に入るときは、どうしますか。

横取りしたＪ君からオモチャを取り返して、Ｋ君に返すことで「正義」は行われます。でも、Ｊ君は納得できません。仲裁者は、「これはＫ君のオモチャだ」といって所有権を主張することもできます。もし幼稚園のものなら、「人が遊んでいるものを取り上げてはダメだ」というのも正論です。

しかし、「アサーティブ」なママは、この場面で横取りしたJ君にこういいます。

「K君に『貸して』といいなさい。そうしたらK君は貸してくれるかもしれないわよ」。

K君にはこういいます。

「オモチャを独り占めしたら、ほかの子が遊べないでしょう。『貸して』と言われたら『いいよ』といって貸してあげなさい。そして二人で仲良く遊びなさい」。

これは実際にあった話で、賢明なママだと思います。両方の子どもに、自分の気持ちの伝え方を教えているのです。

繰り返しますが、アサーティブな主張とは、相手の気持ちを尊重したうえで自分の気持ちを主張することです。

「私の気持ちはこうですが、あなたがそれをやって大丈夫という自信があるなら、それをやりましょう」。

自分の気持ちが強いと、いやな気持ちではありますが、互いに気持ちを切り替えて譲り合います。それでも、自分の執着が強くて、相手の提案を認められないなら、妥協案を探る必要があります。

ここでリーダーだからといって自分の提案で突っ走ろうとすると、ラポールは築けません。かえってチームの人間関係はいびつになり、チームの動きは悪くなります。

人は自らの力で変わる

Lさんは、あるカフェチェーンで、2つのエリアを受け持つ、やり手のエリア・マネジャー（スーパーバイザー）でした。

Lさんが行くと、どんな人間関係のもつれも解決でき、離職率は低く、店の経営を安定させることができます。ただ、優秀ではあるのですが、残念なことに2つのエリアしかもてないのです。

ほかのエリア・マネジャーは5エリア以上を担当しています。会社側は、Lさんに複数エリアをみてほしいのですが、彼は、自分でスタッフ一人ひとりから話を聞いて直接介入する「問題解決型」を得意としています。しかし、薄利多売のカフェチェーンでは、2エリアの売り上げがいくら上向いても収益は大きくなりません。

Lさんのやり方では、エリア内のマネジャーはLさんへの依存度が強く、Lさんがいなくなると数字が悪くなり、スタッフの離職率が高くなります。

Lさんは、今のままではいけないと思いながら、なかなか上手にやり方を切り替えられませんでした。上司からすると、Lさんは優秀な社員で、やり方には問題はあるけれど実績は上げているので、どう対応していいか決めかねて、私に相談がありました。

Lさんは、自分が広範囲のエリアを担当することになると、今までの店舗マネジャーが痛い思いをすることになり、それは避けたい、といいます。個々のスタッフの話を聞いて解決するのが自分には合ったやり方だと考えています。

彼は、自分の問題点について知っていましたから、私は、それをどう解決するのか、課題にするにはどうすればいいのかを考えてもらいました。

話し合いの結果、Lさんには、店舗マネジャーをトレーニングする役割を担ってもらうことにしました。

つまり、これからはLさんに代わってマネジャーに店舗内の問題を自ら解決する力をつけてもらいます。店舗マネジャーの主体性を重んじ、その責任範囲を確認するまでがLさんの業務であり、具体的な結果を出すのはそれぞれのマネジャーであることを納得してもらいました。それぞれの店舗マネジャーとは方向性を協議して、プランを出してもらいます。

Lさんの役割は、それらのプランに承認を与えて、自分の意見を述べながら修正していくというアサーティブな関係をもつことです。

Lさんには自分の目標を設定してもらい、自分の働き方のイメージを持ってもらいました。Lさんだけではなく、部下になるマネジャーたちにもLさんと話し合いながらイメージを持ってもらいます。

「これなら店長が育ちますよ。今まで、店舗マネジャーは、私がいないとダメだと思っていたんです」といいます。

「すばらしい気づきですね。次の課題は自分がいなくても育つ店づくりですね」と私。

それぞれの店舗マネジャーも、「Lさんがいないとダメだ」とまだ思っていますから、「変わりたい」という気持ちをとらえて、新しいビジョンをもってもらうチャンスをうかがう必要があります。一度にではなく、少しずつ価値観の転換をしてもらいます。たとえ失敗しても、成長への失敗である、と唱えていくようにします。

アサーティブな関係は、部下を信頼することでもあります。なかなか価値観は変わらないのですが、一度「気づき」を得れば、ガラガラと変化するスピードは大きいものがあります。

人はなかなか変わらないというのも、一つの先入観です。ただ、他者がムリヤリ変えようと思っても変わりません。自らの力でしか変わらないのです。

自分の「作品」を壊すこともイノベーション

Lさんは、2エリアから8エリアを見ることになり、これまで見ていた店舗マネジャーには、組織改正で責任をもってそれぞれの業務を行ってもらうことになりました。

とはいっても、Lさんは自分が心血を注いでつくってきたお店を、力の乏しいマネジャーに任せるのはつらいことで、大切なスタッフが辞めてしまったり、生産性が低下しないか心配です。

自分がつくりあげてきた仕組み全体を変えることになりますから、かなりな思い切りが必要です。誰でも自分の業績を「作品」として守りたいという気持ちがあります。しかし、それでは時代の変化についていくことができません。店舗マネジャーが小さなトラブルを起こしても、自分がフォローできる範囲内で自らマネジメントする仕組みを学んでもらうようにします。

Lさんはそれまで一回の面談で相手の話を聞いて、相手の間違いをすべて指摘して修正してきたといいます。相手のレベルに応じて、「気づき」を促す方法はとってきませんでした。とうぜん、Lさんへの依存度は高くなり、部下のマネジメント力は向上しません。

これからは、相手の気づきのレベルに合わせて、気づきの学習方法をLさん自身が、相手から学びながら創ることになります。トライ&エラーを繰り返しながらマネジャーの成長を楽しむのがLさんの役割になります。

第九章

ミッションと戦略
～考え方を整理して広げる方法

理念は「活用」するもの

どの会社にも企業理念がありますが、多くの会社が大事にしすぎて神棚に上げてしまい、「活用」していません。とてももったいないことです。

「会社が目指していることに自分の想いが共鳴している」と感じる社員が多ければ、会社にとって、とても力強く安心できます。

最近「エンゲージメント」という言葉をよく耳にすると思います。「個人と組織が一体になるために、互いに成長できるように貢献し合う関係」です。「絆」「つながり」と訳されることもあります。

エンゲージメントを数字で捉えるのは難しく、経営者が「良かれ」と思って変更したことが、社員から「変わらないほうがよかった」などと不満を抱かせることが少なくありません。

個人と組織の良質な関係は、「互いを知る」という「お見合い」からはじまります。そこで、確認したいのが企業理念です。**企業理念は、企業の屋台骨です。**

採用時には、求職者に対して共通の理解を求める必要があります。理念は相互に基本となる事業の考え方ですので、1対1面談でも、個人目標、チーム目標を立てる際の基軸にします。

全社員が自発的に理念を事業の基本的な考え方として話題にすることで、個人の自信やパワーになり、チームの絆が強くなります。

理念は、会社100年の方向を示すものであり、社会に対して企業の「存在理由」をあらわすものです。

なぜここに、われわれの企業があるのか、この企業があることで、地域や社会はどう潤うのかを宣言するものです。

私の会社も「やりたいこと」は明確でしたが、それを理念にするには時間がかかりました。しかし、理念を社員や、関係の深い仲間と相談する中で、「make IT better. make IT happen.」としました。これは現状に満足することなく、多くの人が幸せな状態を目指して、「より良くするために何かを起こせ」という私の信条でもありました。

社員に対しては、「これまで通り」という仕事はなく、常に現状を捉え、「もっとできることはないか」と、思考を最大限に回転させ、最もベストな選択で取り組むことが会社の基本的考え方、方向性であることを示すものです。

ワクワクする将来像を社員と共有する

経営には、会社の存在理由である「理念」のほかに、ミッション＝使命・目的、ビジョン＝将来像が必要です。「三種の神器《じんぎ》」といえるものです。

「理念」は、トップも社員も、仕事の仕方の核になるものです。

第八章で述べましたが、ある介護事業所は、「人に光を」という理念をつくりました。このくらい簡潔だと、人の心に訴える力も強くなります。しかし、理念だけでは働いている人には、実感しづらく、日常の仕事に埋もれ、「まったくひかりを感じない」などといわれてしまいそうです。

この理念で何を成し遂げたいかというかたちを定めたものが「ミッション」です。

たとえば、トヨタ自動車であれば「笑顔のために。期待を超えて」といったものです。「理念」が企業の出発点なら、「ミッション」は企業・社員の使命、目的です。

この理念とミッションを進めることで、5年後や10年後に描く将来像が「ビジョン」です。実現可能ではあるけれど、ちょっと上を目指して、ワクワクするような将来像を社員とともに描きます。ビジョンなき経営は、いってみれば夢のない経営です。

「人に光を」という理念から、あなたなら、どんなビジョンを描きますか。

たとえば、「利用者やその家族に評価され、事業を拡大することで経営を安定させ、社員が人間的に成長できる会社」というものはどうでしょう。ミッションより少し抽象的になってもかまいません。

理念、ミッション、ビジョンは、いつも経営者の心の中にあり、口ぐせにもなり、社員も思わず口に出るような言葉にしたいものです。国でいえば憲法のようなもので、私たちはこのように考えて働いています、と地域の人たちに伝えます。

小さい事業所では、これらは、明文化されていなくても、経営者がいつも話しているような内容かもしれません（でも、絶対に文章化したほうが効果的です）。

理念、ミッション、ビジョンは、別々のものではなく、真珠のネックレスのようにひとつながりです。

そして、**もっとも重要なことは、この理念、ミッション、ビジョンは、経営者のみが首に飾るものではなく、社員が、自ら「首に飾りたい」と思えることです。**

会社の理念やビジョンを、どうやったら社員は首に飾りたいと思うでしょうか。「首につけなければ減給」という方法もありますが、こうなるとネックレスというより首輪になってしまいますね。

理念、ミッション（目的）、ビジョン（将来像）は、社員全員が金太郎飴のように同じものではありません。ネックレスは3つあります。一つは会社のものですが、残り2つは、社員とともに手づくりしたものです。

第一のネックレスは会社の理念、ミッション、ビジョン。

第二のネックレスは個人のミッション、ビジョン。

第三のネックレスはチームのミッション、ビジョンです。

それぞれ色彩も形態も異なります。

会社の理念、ミッション、ビジョンは、地域の人、利用者（顧客）、社員が納得できるものを経営者が主体となってつくります。人を引きつけるような言葉がいいですね。といって、あまり大上段に構えすぎても重くて活用しづらくなります。

「ミッション」でチームは動く

理念、ミッション、ビジョンを一つにまとめて「仕事の哲学」と呼びます。

会社の経営哲学を元に、個人の仕事哲学をつくり、個人の仕事哲学を元にチームの仕事哲学をチームで話しあって決めます。

たとえば、あるチームは、会社の理念「人に光を」を具体化する話し合いの結果、「仕事上の本音をいえる人間関係づくり」をスローガンにしました。この会社の5年後の将来像（ビジョン）と使命・目的（ミッション）は、「人の幸せに寄りそい、スタッフ自身が『豊かさ』を感じる職場環境を実現し、それが可能であることを業界全体に証明する」です。

第八章で説明したように、ここで大切なことは3つあります。

第一は、会社の理念を、チームで話し合って、実現可能で具体的な言葉にすること。

第二は、この話し合いはリーダーを中心にして、全員参加であること。

第三は、全員が将来像を生き生きとイメージし、その結果を楽しめることです。

こうすることで、会社の理念が、イタリアンレストランの黒板に書かれたメニューだとしたら、社員一人ひとりがイメージした以上の料理となって、胃の中に落ち、満足感を味わうことができます。

チームの使命・目的、未来像《ビジョン》は、小さい会社なら社員全員で共有するようにします。あのチームのビジョンはこれだ、ということをどのチームでもすぐわかるようにします。

もちろん、ミッション、ビジョンを設定しただけで満足したら何もなりません。言葉を現実のものにするには、チームリーダーは常に、「本音で話せるチームになろう」と働きかけることが大切です。

リーダーとは「まとめ役」ですが、リーダーシップは「人々の心に働きかける」という行為です。チームは、苦しいとき、大変なときほどリーダーに、リーダーシップを求めます。チームリーダーは、「理念、ミッション、ビジョン」を浸透させ、一人ひとりが目的をもって主体的に行動するように働きかけることが肝心です。それぞれが目的をもって行動していれば、リーダーは「まとめ役」としてチームの意見を集約し、ミッションでチームが動き出します。

ミッション、ビジョンのイメージを共有できると、次第に言葉が現実味を帯びてきます。チームのメンバーも、「このことは隠さないで言おう」という気持ちになりやすくなります。みんな正直に本音を話しはじめたら、もしかしたらチームは多少混乱するかもしれません。しかし、この混乱はいずれは収束させなければならない混乱です。この混乱を恐れて黙っていたら、やがて収拾できない問題にまで発展していきます。

第八章で述べたように、この原則にはずれる行動に対して、チームメンバーが「合い言葉」をつくって、互いにルールを守るようにするのもアイデアです。たとえば「リフレーミングしてみよう！」を合い言葉＝愛言葉にしたチームがあります。すると、苦しいこともチャレンジ精神を発揮できるようになったそうです。

もちろん、小さなミスなどは互いにカバーしあい、許し合うことも大切で、そうしなければ「本音」は出てきません。ミーティングや1対1面談で、ＰＤＣＡ（計画策定→実行→評価→修正実行）を回し、状況を改善していきます。

第三のネックレスである個人のミッション・ビジョンづくりは、「育てあい組織」のメインディッシュになります。チームリーダーが、チームメンバーと1対1で定期・不定期に話しあいながら、丁寧に策定することも第八章で述べました。

この話し合いがきちんとできるようになっていれば、育てあい企業として成功です。

トップと社員はミッションでつながる

経営哲学のうち、「理念」は１００年の計ですから不変です。しかし、ミッション、ビジョンは一定の成果が見られたら、次のステップに移ります。これも1対1面談やチームで話し合って決めたものを組織全体に生かします。

PDCAは、いうまでもなく策定したミッション、ビジョンの経過を観察し、必要なら修正を加えるプロセスですが、往々にして「空回り」している現場をみかけます。対話、話し合いがかみ合わなければPDCAは空回りします。

会社のミッションやビジョンは、日々の業務の問題点をあぶりだし、振り返り、自己評価し、自己修正するための、いってみれば回帰点です。

企業哲学がしっかりあるのに、人が育たないのは、会社のミッションやビジョンが活用されていないからです。

理念・ミッション・ビジョンの策定と生産性の間には驚くべき相関関係があります。

理念経営を大切にするという経営手法は、「理念浸透」＊などの方法を含め、ポピュラーです。この言葉が繰り返し使われてきているのは浸透することの難しさがあるからです。それは、ミドルマネジャーだけの問題ではなく、組織そのものが、業務遂行に「数値経営」を感じさせてしまうことが原因の一つだといえます。

「ミッションなし」あるいは「神棚ミッション」では、まず経営者の経営マインドが社員には見えません。経営者も経営数値ばかりに目が行けば、社員のダメな部分ばかりを感じることになります。「人間」を見ていない、といったら言い過ぎでしょうか。

筆者がチーム構築コンサルティングや研修を行う際には、必ず「何の目的（ミッション）なのか」を意識できるような問いかけを軸にします。確かに数値は気になるところですが、商品価値、サービス価値あっての数値です。「このメロンパンはおいしいから」売れるのであって、売ることだけ考えていても、メロンパンはおいしくなりません。

数値だけのコントロールは有効ですが、そのまま走らせ続けることはできません。厳しい経営状況や、実績を上げるためには数値でのコントロールは一時的です。数値ばかり求めた結果、次第に組織内の人間が見えなくなります。「メロンパンのおいしさ」を決めるのは、サービスや商品の質であり、それは理念・ミッションによって裏打ちされます。経営哲学とそれによって育った人間がメロンパンの味を最大限に高めるはずです。

そのためには、会社の理念、チームの理念、個人の理念を重ねながら、社員全員が日々の仕事の中で、また利用者（顧客）との交わりの中で常に意識し、活動指針にしていくことが重要です。

全社員の気持ちや働きかたは、経営者にはなかなか伝わりません。後述する７Ｓ分析を使ったり、鋭い感性を研ぎ澄ませば、感覚として伝わってくるものですが、働く職場が離れてしまえば伝わらず、一人ひとりの従業員と話してみないと確認できません。

経営者とスタッフの間をつないでいるのは企業ミッションです。それは「命綱」といってもいいものです。逆にいえば、そのように企業ミッションを使う必要があります。

＊**理念浸透**
言葉通り、会社の理念を社員一人ひとりに浸透させることで、ビジネス用語になっている。ビジョン浸透などともいう。朝礼などで唱和する、ホームページや手帳などに掲載する、目立つところに掲示する、研修を行う、ブレストで話し合うなど、あの手この手で社員の心に定着をはかること。

ＯＪＴ頼りでは失敗する

会社の哲学（理念、ミッション、ビジョン）の観点から、一緒にミッションを明確にすることで、それを実現できる（したい）人材を採用し、人育てをします。哲学とは、「考えるヒント」です。哲学がなければ、その企業の理念を具現化できる人は育ちませんし、人が育たなければ生産性は低下し、人間関係が悪くなったり、互いにサポートするべき意義も見失い、人材も顧客も離れていきます。

「人材」は、会社にとって、理念を実現するために貢献してくれる、ありがたい存在です。

「人材」という漢字は、材料のようにコストで計算するイメージがあります。しかし、人的資源管理（ヒューマン・リソース・マネジメント）という視点では、人は「人財」であり、磨けば光るダイヤの原石という考え方です。

ちなみに「人在」「人罪」という言葉もあります。「人在」は存在しているだけで、ミッションを受け入れない人。「人罪」は、自分の責任を果たさず、周囲を巻き込み、モラール（士気）を下げる感情的なタイプだそうです。しかし、これらのタイプは、きちんと人に向き合ったり、向き合わされた体験が少ない社員かもしれません。時間はかかるかもしれませんが、長期的に付き合うことでお互いが変化していくことが考えられます。

現在、採用に苦しむ多くの企業では、ミッションとは無関係に人を採用し、あとはＯＪＴ（マンツーマン研修）で、先輩が技術指導すればいい、というおおざっぱなものになっています。これでは教える側の先輩の価値観で指導されることが多く、その結果、教える内容がまちまちになり、働き方の質が確保できません。

そのような会社の多くは、「そうは言っても、まず人がいないと・・・」と弁解します。介護事業所の場合、夢を抱いて入職した新人は介護・福祉への気負いがあるケースが多いので、先輩の考え方にガックリしてつまずくことがあります。はじめに介護の効率ばかり優先する先輩についたら、「こんなはずじゃなかった、介護学校で習ってきたこととは違う」と、モチベーションはぐっと下がります。

あるいは「介護ってこんなものか」と思って、介護の「質」を考えずに、その場の流れに沿った技術の取得のみに走るようになるかもしれません。これでは働きがいを感じることができず、目先の損得で事業所を渡り歩くことになります。そんな若い人も少なくありません。

そもそもどんなに情熱のある人でも、経験を積むうちに、仕事の技術は高まりますが、現実と向き合ううちに、最初の情熱が薄れてくるものです。大恋愛のすえに結婚しても倦怠期が訪れる夫婦がいるのと同じです。これは致し方のない人間の性《さが》です。しかし、常に相手に尊敬や感謝、愛情を伝えている夫婦は倦怠期がないといわれます。企業の人育て計画も、きちんと自分の気持ちを伝え合える関係性の構築が基軸です。

志はあるけれど技術のない新人と、技術はあるけれど、少し志が低下した先輩社員の間のギャップは放っておけば必ず生まれます。

米国などでは、企業活動はもちろんですが、夫婦関係を円滑にするためにカウンセラーなど第三者に介入してもらいます。筆者のような第三者が介入することで安定的に目標に近づけるということもあり、現状を変えていきたい経営者には、その価値を感じる方も増えました。

企業の人育てには、最初に出会った先輩の価値観や人間性は非常に大きいものがあります。それを偶然にまかせてはいけません。

どのような仕事でも、仕事の重要性を実感したり、その仕事での感動がなければ高い労働意欲を維持することは期待できません。

労働集約型であればとくに高い経営哲学と労働意欲が資産です。これらが枯れてしまったら、存在することさえ危ぶまれます。

経営哲学は経営者の上位にあるものであり、経営者が代わっても変わらないものです。

ＯＪＴは、これを実現するための教育システムのごく一部です。「なんとなくＯＪＴ」教育をしていないか確認するべきです。ほんとうに重要なものは経営哲学です。

企業でこそ人格陶冶《とうや》を

人格陶冶という言葉は、「人間性を鍛錬して育て上げること」「その人のもつ能力や・性質を円満に磨きあげること」です。まさに「人財育成」の考えです。

企業哲学によって育てるといっても、会社の方向性にムリヤリ合わせるのではありません。それぞれの個性を伸ばしながら、顧客との関係やチームメイトとの関係の中で、もともとその人が持っていた資質を磨いて輝かせることが企業哲学（理念・ミッション・ビジョン）による人育てです。

「人育て」といっても、絶対に正しい一つの価値観を教えるわけではありません。

何が正しいのか自分の頭で考えられる人を育てます。結論はすぐに出てくるものではありません。介護であれば、一人ひとりの利用者に合わせてＱＯＬ（生活の質）をもっとも高める方法を考えます。人を育てる場合もまた、自分の頭で考え、「この人にはこの方法がいいのか」と考え、迷うことも大切です。

育てる人間と育てられる人間がそれぞれの立場から互いに知恵を出し合い、育てあいます。育てあいの風土（経営スタイル）をつくることは企業トップの役割です。

企業は学校以上に人育ての機会が多いのです。それが仕事の難しさでもあり、面白さでもあります。学校に通う生徒には、人格を陶冶したいというモチベーションはほとんどありません。人格を陶冶しなくても学業だけで卒業できますし、人格は評価されません。

しかし、人が人にサービスを行う仕事につく人は、顧客とのラポールを構築する必要があります。介護で言えば「利用者に幸福になってもらいたい」と考えること自体が、その人の人間性に関わることです。ほかのビジネスでも、人を幸せにしたり、人を引きつけられることはリーダーの資質の一つです。社会には、ただ声が大きく強引なリーダーもいます。しかし、人を威嚇するようなリーダーシップでは信頼関係は育ちません。最終的に組織もよくなりません。

また、プレイングマネジャーに仕事と相談が集中するといったリーダー依存型の組織もあります。

これらは組織としての人材育成を見直す必要があります。組織がよくならなければ安定的に利益が出ません。ワンマンなリーダーシップやリーダー依存を起こしやすいマネジメントは、右肩上がりの経済成長期に、経済の余剰によって許された存在です。人材激薄《げきうす》の現在、他者を理解しようとしないリーダーシップでは立ちいかなくなります。

経営者の役割は社風をつくること

「うちは小規模だから、理念とかミッションなんておこがましい」と思っている経営者が多くいます。たとえば、介護事業所には介護保険法で定められたミッションがあります。しかし、美容院には法的に定められたミッションはありません。顧客のほとんどが女性で、髪、顔、爪などがサービス対象となる美容院は、ミッションとしてカバーする範囲が狭いようですが、実は、バラエティに富んでいます。

ある美容院は多店舗展開で成功を納めましたが、その理念は、「美容を通して心を豊かにする」というものです。

その理念は、「お客様に、最高の価値を提供し、きれいになっていただくことで、その人の自信につなげる」というものです。外見をきれいにするだけではなく、その人の内面に迫り、自信をもってもらうまでを美容師の仕事とします。

ここまで理念が具体的だと、美容師がお客様にかける言葉もおのずと、それを促すようなものになります。お客様に「きれいになった」という満足感だけではなく、「うん、私はこれでいい」という自信と幸福感をもってもらうことが目的ですから、お客様の特徴を捉えて、最大限にほめながら髪などを触ります。「私はきれいだ」と思うことで、脳はほんとうに姿形《すがたかたち》をきれいにしていくという脳科学の研究報告は古くからありますから、生理学的にも正しい方向です。

一つの店舗（サロン）のなかには、スタイリスト（髪を整える人）、カラーリスト（頭髪を整え、染める人）、ネイリスト（爪をきれいにする人）、アイリスト（まつげのエクステンションなどを行う人）などがいます。

それぞれの店舗にいるスタイリスト、カラーリストが自主的に集まって定期的に勉強会を開きます。これは会社のためが半分、自己達成が半分です。最終的には、店の中で成績を上げたり、独立開業をめざすことが目的になりますが、純粋に専門性を高めたり、それによってお客様に喜んでもらえることは仕事へのモチベーションを強めます。

いっぽうで、店舗ごとに、専門を超えて連携し、お客様を迎える環境を用意してお客様の満足度を高める勉強会も行います。整理、整頓、清掃、清潔、しつけ（５Ｓ）はもちろんですが、店の雰囲気づくりも大切な話し合いのテーマです。

重要なことは、お客様からの声を丹念に採取して振り返りながら、リーダーもスタッフもどんどん新しいことに取り組む経営スタイル（社風）をつくることです。経営者には、リーダーやスタッフの自主性を尊重し、働きやすい環境を組織的に整える役割が求められます。

理念である「豊かな心になってもらう」とは、そこで働く人がミッションを明確にしながらキャリアアップし、豊かな心になることでもあります。それによって、何年後には「このような店になっている」というイメージ（ビジョン）を主体的に共有することが大切です。

同じ理念やビジョンでも、経営者が一方的な熱意をもって促すと、スタッフはしらけて、「会社が儲けようとしているだけ」と考えてしまいます。これは、経営方針が数値経営主義に重きをおいていたり、経営哲学づくりの話し合いにスタッフがまったく関わっていなかったり、現場にコミュニケーションができていないなどが原因です。基本的に、社員が経営者や店長に対して十分なラポールを感じていなければそうなります。

会社が「これこれの売り上げを達成しなさい」という数値経営主義をとっていると、スタッフも目の前の売り上げばかりに目がいき、「やらされ感」を強くします。仕事のモチベーションは下がり、研修しても自分の能力を会社に吸い取られるようなむなしさを覚えます。理念経営と数値経営の違いは従業員の仕事の仕方にはっきりあらわれます。

現状把握のための整理棚を活用する

人を育てることは企業の使命です。それは企業が強く、なおかつ柔軟な組織になるための条件です。そのために経営的な安定も必要です。人育てには時間もお金もかかります。

人を育て、数値的にも安定させるには、「組織」をどう設計し、どんな「システム」を構築するか、どんな「戦略」を策定するかが課題です。

共感できる経営理念のもと、「技術・能力」のある「人材」が集まり、事業が動きはじめると、「経営スタイル」（企業の環境）が生まれます。企業環境・社風によって人が働きやすい環境かどうかが決まり、定着率、離職率に影響を与えます。

これらの組織、システム、戦略、人材、能力、経営スタイルは、すべて企業の経営資源です。経営資源をバランスよく育てるには、全体を俯瞰《ふかん》する視点が必要です。俯瞰は「鳥瞰《ちょうかん》」ともいいます。鳥のように高いところから、自社や自分のチームを客観的に眺める視点のことです。

現状を俯瞰しながら会社を運営する視点として、米国のマッキンゼーが開発した「7S分析」（図表9-1）

がもっとも簡単で有効であると思います。

どんなに小さな規模の組織でも、自社の現状を整理し、次のステップに進むうえで7つの「経営資源」で考えることができます。会社だけではなく、事業部、チームでも活用できます。

7つの経営資源は、すべて緊密に関連しあっているので、クリアカットに分類することはできません。全体を捉えるためにそれぞれの視点や取り組みを**整理・分類すること自体が重要なのです。日常的にも、ものごとを整理・分類することで、問題点やその解決方法が見つかることが少なくありません。**

ですから、経営者だけではなく、中間管理層や社員も、フォロワーシップとしてのパフォーマンスを最大限に発揮するために、この整理棚は便利です。1対1面談をするときに頭に入れておくと、頭が整理され、相手に何をインタビューするべきか自然に明らかになります。

ブレスト（ブレーンストーミング）するときのテーマになりますし、リーダーが頭の片隅に置き、「取り残し」がないかを確認するときにも使えます。あまり四角四面に考えないで、日常的に使いながら、「問題点」と「課題」を整理していきます。

7Sは家族が暮らす家

7つの経営資源は、「共有される価値観　Shared Values」を中心に、「ハードのS」と「ソフトのS」に分けられます。

7Sを「家」にたとえると、「ハードのS」は建物や家具で、「ソフトのS」は、そこに住む人間とその

図表 9-1　7S 分析

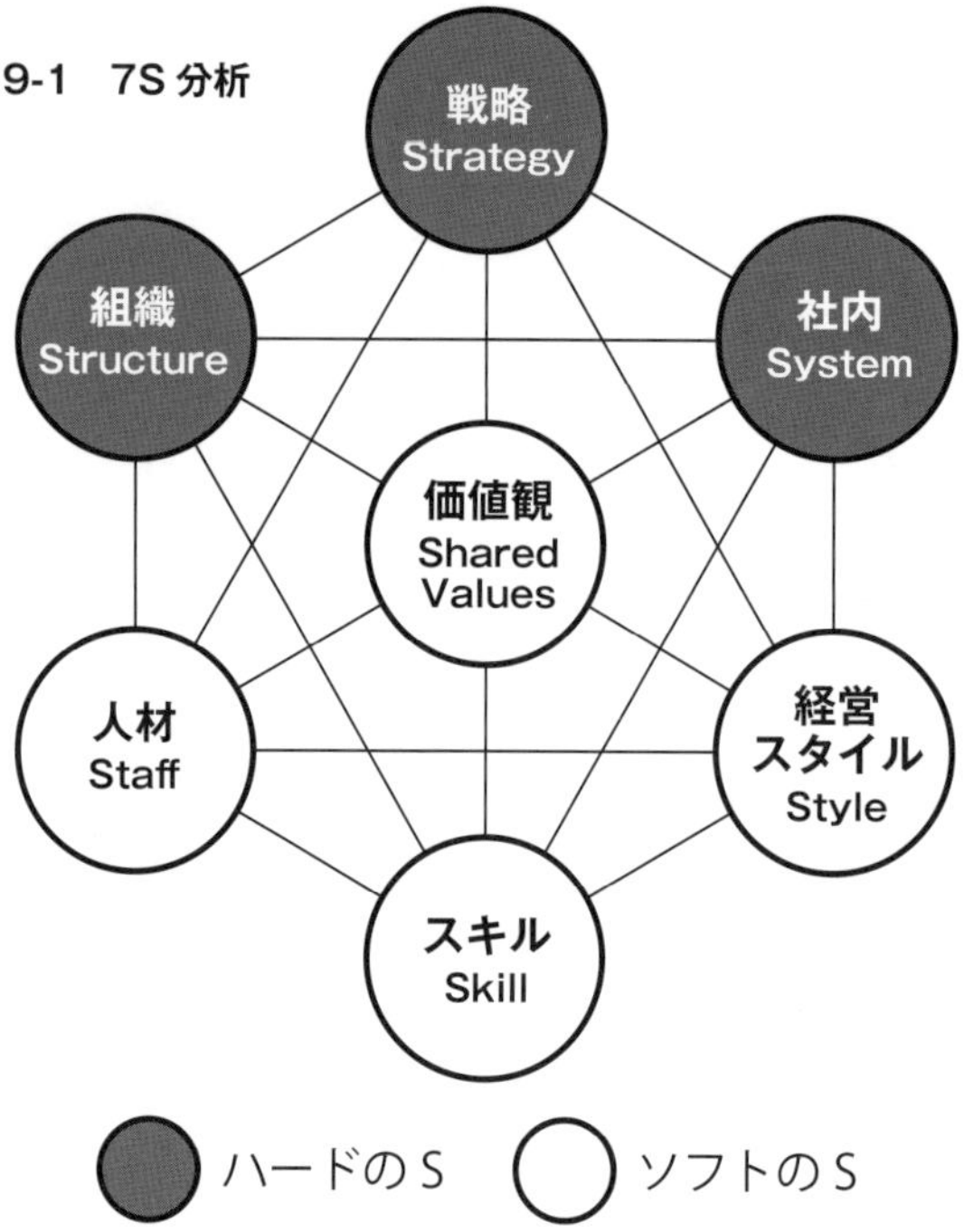

住まい方です。建物は一度つくられると、そこに暮らす人間はそれに合わせて生活します。生活の変化に応じて建物を増築したり改築するのがハードのSで、子どもの教育などさまざまな問題・課題を処理するのがソフトのSです。「ハードのS」は、計画的に短時間に変更できますが、「ソフトのS」を変えるには時間がかかります。

7Sは企業の現状を俯瞰する整理棚であるとともに、そこから企業の方向性や戦略を練り直す手段です。大事なことは、経営陣だけではなく、全社員が「現状と課題」を7Sにそって考え、確認しあうことです。そして、経営資源をともに一つの方向に向かわせます。

経営陣は協働して7Sを整理し、将来に向けた7つの経営資源を最大のものにする方法を考えるのが仕事です。整理された7Sは、リーダー層と共有され、リーダー層はチームにわかりや

すく伝えます。リーダーとともにフォロワーである社員も7つの経営資源をともに担います。

7S分析だけでなく、バランススコアカード（BSC）など、現状分析やパフォーマンスを最大化する方法はいく通りもありますが、7Sは整理棚として使いやすく、とっつきやすいものです。誰もが気軽に使うことで効果が出てきます。

価値観は広げていくもの

では、7Sを一つひとつをみていきましょう。

中央に配置される「共有される価値観」は目立つので気になりますが、ほかの6つの経営資源の分析・整理が終わった段階で、箇条書きにします。会社は、社員と共有している価値観（values）の中でしか動かすことはできません。もちろん、ただやみくもに、「右を向け、左を向け」というだけなら、価値観を共有する必要はありませんが。

価値観とは、ものの見方、考え方です。人はそれぞれの価値観の中でしかものを見ることができません。この視点からはずれたものは目の中に入りません。たとえ視野の中にあっても、天井のシミと同じで頭には入りません。思い込みや偏見も価値観の中に入ります。

たとえば、「快適な生活」を送りたいという思いがあっても、「快適な生活」の意味合いは一人ひとり異なります。自然の中で伸び伸びと生きることを「快適」と考える人もいますし、仕事は忙しくても、大都市で便利な生活を享受することを「快適」ととらえる人もいます。

「共有する価値観」とは、「快適」の意味を統一するということではありません。いろいろな価値観を持つ人がいる中で、会社として、どんな価値観をともに共有しているのか、共有できるのかを確認します。**そのうえで価値多様化の時代に合わせて価値観を広げていく必要があります。価値観が広がることで、社員をワクワクさせ、企業を発展させることができます。**

「多様性を認めあう」ことはグローバル化した世界では当然求められる姿です。しかし、社内の人間関係や上司・部下のコミュニケーションを見ると、それこそが困難の源です。一人ひとりの価値観は目に見えるものではないので、実際に話し合って言葉にしていかなければわかりません。そのため、「共有する価値観」は「ソフトのS」に分類されます。

いっぽう、目に見える「ハードのS」は次の3つです。

戦略＝会社全体で何をどのようにめざすか。

組織構造＝会社の構造的な特徴とその意味。

経営システム＝管理上の特徴とその長短。経営管理、労務管理、など。

これらはトップの意思で変更が可能です。どこまでガラス張りになっていて、どこまでが社員と共有されている情報かは会社によって異なりますが、可視化できる部分です。

しかし、「人間的な」部分である「ソフトのS」を整理してみると、堅牢《けんろう》に思えた戦略や組織、システムが違った見え方になることがあります。

7つの経営資源は互いに緊密に関連していますが、ぶつかりあっていることもあります。

たとえば、「経営システム」の中のキャリアアップ制度は、能力開発（スキルアップ）につながっています。

しかし、キャリアアップを、その人の「スキル（能力）」ではなく、年齢や社歴、主観によって行うことで、モチベーションやモラールを失速させはしないかという問題点が見えてきます。経営資源は、バランスで考える必要があります。

組織の弱みを見極める

「ソフトのＳ」は次の４つです。

人材（スタッフ）＝どのような人材が集まっているか。充足している人材、不足している人材。

能力（スキル）＝会社全体の能力、チーム、個人の能力はどのようなものか。

経営スタイル（社風）＝会社は全体でどのような雰囲気なのか。上下・横の意思疎通は十分か。

共有される価値観（シェアード・バリュー）＝社員は、仕事や会社についてどのような価値観を持っているのか。会社の理念は共有されているのか、など。

ソフトのＳは、いってみれば「人間くさい」部分です。武田信玄流にいうと、「人は城、人は生け垣、人は掘（情けは味方、仇《あだ》は敵なり）」ですから日本古来から組織の土台です。

トップが「ハードのＳ」にだけ着目して「戦略」や「構造」「経営システム」を変えても、「ソフトのＳ」が変わらなければ組織は動きません。

この本の焦点は、ソフトのＳを変える方法です。ソフトのＳだけではイノベーションは起こりませんが、

「人間くさい」土台を向上させられれば、組織イノベーションのインフラが整います。

7Sによって、企業の現状を鳥のように見ることができれば、「弱み・強み」をはっきりさせることができます。逆にいえば7S分析によって「弱み」を隠さずに表面化させる必要があります。

7S分析が終わったら、これからものごとをどう進めていくかを考え直します。もちろん分析をしながら対策を講じていきます。分析するということは問題点を抽出することでもあります。

創業して3年もたてば、企業を取り巻く環境にさまざまな変化があり、他社との差別化をはかり、競争優位をつくるために戦略などの大胆な見直しが必要になります。

企業の5年先、10年先の「ビジョン」は、この7Sを整理したうえでつくることで、より現状に即したものになります。

シェアード・バリューを広げる

中央に置かれた「シェアード・バリュー（共有される価値観）」は、ハードのS、ソフトのSの最後に整理します。

6つの経営資源を整理し、そのうえでどのような価値観が社員と共有されているのかを、問題点、課題とともに箇条書きにします。

理念、ミッション（使命・目的）、ビジョン（将来像）は、本来、全社員と共有されているはずですが、実際はどうなのか、どこまで共有されているのか。その分析のうえで、「今後、共有されるべき価値観」と、「共有するための方法」を考えます。

「共有するべき価値観」とは、「現状」という目に見えにくいものを誰でもが納得し、共有できる言葉に落として「見える化」する作業でもあります。

キーになる価値観は会社の理念ですが、それを実践するには、場合によっては予算化が必要で、実践できないときもあります。

理念に合った企画書（戦術）でも、現状に合わなければペンディングになります。今、それが可能か、今進めている戦略とぶつかることはないか、ほかの経営資源とのバランスはよいのか、などといった検証が必要になります。

たとえば、周囲に協調性がないけれど能力は高い社員が、興味深い企画を作成して提案したとします。しかし、予算がかかるうえに、他部署との連携やいっしょに仕事をする仲間の賛成が得られなければ企画は成立しません。

7Sで考えると、「共感される価値観」の外にあるのです。経営スタイル（社風）に合わない提案ということもいえるかもしれません。

しかし、その社員に相手を説得するネゴシエーション力（スキル）があれば、7つの経営資源に合致させ、企画が成立するかもしれません。その場合、新しく共有される価値観が広がったことになります。7Sは相対的なものです。

交渉力には（最近、「ディール」という言葉が流行していますが）、相手をどれだけ理解するか、相手本位にこちらをどう理解してもらうかといったアサーティブな力が問われます。

会社の「理念」は、人と人の関係の中にあるもので、どう受け止めるかは、一人ひとり異なります。つまり、多様なものであるけれど、7Sを社員が把握していれば、多様なりにぶれることはありません。

社員同士のラポールが小さいと、理念だけではなく、戦略もぶれていきます。7つの経営資源を有機的に働かせるには、社員同士の心が通い合う信頼関係（ラポール）が重要です。それによって、理念、ミッション（目的）、ビジョン（将来像）を全社員が「わがこと」とすることができます。

7Sによって、社員の誰でもが、経営資源を俯瞰して、整理するだけではなく、それぞれの要素のつながりを客観的に可視化し、合理的に現状と将来像を捉えるようにします。

したがって、経営が厳しくなって、経営者がいくら「ハードのS」をいじっても「ソフトのS」がそのままでは、社員にとっては「ひとごと」であり、「やらされ感」を覚え、モチベーションを失います。

子どもが「鬼ごっこをやりたい人、この指にとまれ」といって、仲間を呼び集め、遊びたいという共通の価値観をもつ人が集まります。

「喧嘩をしないで仲良く遊びましょう」という共通の価値観があって、そのうえで鬼ごっこの戦略がつくられます。この共通認識（シェアード・バリュー）があれば、みんながいっせいに、ワクワクしながら動き出します。育てあう企業とは、「共有する価値観」を広げていける企業でもあります。

交渉力は引き継ぎが難しい

企業が抱える問題の一つは後継者を育てられないことです。

そのうちに有能な管理職が他社に移っていきます。

介護事業所で、施設長が退職すると、これまで施設長を支えていた2番手3番手が施設長に上がります。有能であっても、今まで、まったく同じように施設長に関わってきたわけではないので、十分な働きができないことがあります。

施設長がこれまでやってきたことを側で見ていたのですが、「ここをどうやって切り抜けたのか」肝心なところがわからないと悩む人が多いのです。施設長に好意を寄せ、「この人についていきたい」というだけで仕事をしている未成熟の社員が多ければ、なお難しくなります。

介護事業では、一般介護職だけではなく、ミドルマネジャーも「売り手市場」です。成熟すれば次にチャレンジしたいという気持ちが起こります。まして経営者と価値観があわないと感じれば転職に躊躇はありません。

もちろんマネジャーが突然いなくなるわけではなく、数か月にわたって次の人を育てます。最もＯＪＴが難しい部分が、コミュニケーション力、ネゴシエーション力など「人間くさい」部分です。教えようとして教えられるものではありません。

とくに日本人は根回しなど人間くさい部分が組織を動かしています。マネジャーの人間性や信頼関係、馬があう・あわないといった人間関係も引き継ぎがうまくできない部分です。

交渉の上手い人は、相手を理解しようと努めながら必要な情報を渡して交渉を優位に進めます。このスキルがなかなか伝わらないのです。7Sでいう「システム」はつくれますが、対人能力（スキル、ソフトのS）はおいそれとは引きつぐことができません。

ですから、今までの「○○流の人間関係」ではなく、1対1の面談などで、社員一人ひとりが自分の知識、経験に基づいた判断力を養い、その上で交渉力や提案力を磨く必要があります。

提案力ひとつとっても、周囲の人との協力関係がものをいいます。一つのことでもその見方に必ずといっていいほど偏《かたよ》りがあります。自分で苦労してつくりあげた提案は「最高の出来」と思うものですが、多くの人の目にさらされることで、ブラッシュアップされます。

あなたが提案する内容について批判されることを恐れてはいけません。むしろ相手の価値観やイメージがわかったと喜ぶべきです。ネゴシエーションにしても、相手との駆け引きというより、どうやったらラポールを形成できるかを優先し、引くところは引き、強調したいところはアサーティブに強調します。

自分ではいいことをいったつもりでも、ラポールが形成できていなければ交渉はうまくいきません。一度、事業を立ち上げると、強弱は違っても、「ハードのS」を守ろうとします。このことは重要ですが、意味もなく守ることに汲々となっていることがあります。

不要なものは大胆に削ったり改変して、新しいことを実践する勇気が必要です。

7S分析によって、今までやってきたことを見直して、縮小させるもの、継続して発展させるものを決めます。それぞれの事業部ごとに7S分析を行うと、部署ごとの仕事量、仕事の流れ、社員が大切にしている思いなどが見えてきます。これらが情報としてきちんと上層部で把握されていれば、より正確な舵取りが行えます。

現場の仕事がみえないで、上層部が新しいことを「必要だからやれ」と伝えても、命令を受けた方は、脳も身体も動きません。「ソフトのS」を担うのはおもに「ネゴシエーター」（交渉人）としての中間管理職です。

価値観を共有することで会社は動く

「価値観の共有」「共有される価値観」は重要です。

この中でしか企業は進化できません。生産性を上げるためにAIができる範囲はAIで行えばいいのですが、人間が関わる部分では、働くことの意義・意味、理解力、モチベーション、モラール（士気）、人間関係などとても複雑になります。

今、何が問題なのか、どうしたらパフォーマンスを最大化できるか、社員一人ひとりにどんな特性、能力があるのか、どんなスキルを有しているか、営業力・技術力は？

社員がすばらしいスキルをもっていればそれを掛け合わせて会社全体のスキルや武器にできます。社員が共有する会社の価値観（ものの見方）の中で、会社の意思決定が行われ、経営スタイルが決まります。

ある会社の創業社長が何かのセミナーに参加したことで、「これまでの理念やミッションが飛んでしまった」と困っている会社の幹部に会ったことがあります。幹部社員がとても理解できないような突飛な方向を示されるようになり、社長は「絶対にこれがいい」と確信しているのですが、幹部は途方に暮れていました。

共有される価値観は簡単には変えられません。とくに社長の経営スタイルは非常に慎重に決める必要があります。社長が企業の経営資源とそのバランスを考えないで、「オレの会社だからオレが決める」といって、人を見ない舵取りをすると社員は浮き足立ちます。

創業社長なら、社員が戸惑い、ある程度辞めていくことを覚悟してでも実践したいことがあるかもしれません。しかし、会社全体の価値観の共有を計画に入れずに実行に移してもうまくいきません。もしぜひ必要な方向転換なら、周囲と話し合い、考え方を共有することが大切です。「シェアード・バリュー」の中でしか、パフォーマンスは最大化できません。

時間をかけて計画をねり、社員の理解を徹底して、周囲の環境変化にあわせることで企業の進化は可能になります。

また、別の社長は、「これで儲けたい」という気持ちはあっても、法人のビジョンづくりには関心がありません。「この計画は、社員一人ひとりにとって価値はあるのか」という発想がないのです。

シェアード・バリューを分析して「言語化」することで、人がどう集められ、どう育っていくのか、経営スタイルはどのようなものにしたいか、そして課題は何かが「見える化」されます。それによって5年後、10年後のビジョンをつくることができます。

強い組織は、7Sの整合性がとれた組織です。7つの要素を単独でみるのではなく、有機的に関連づけます。

安定がただの偶然ということも

7Sは、トップ層にとって重要であるだけではなく、現場スタッフにとって意味のあるものです。

ある介護事業所では、多くのスタッフが、「利用者の笑顔がモチベーションになる」といいます。一見、とてもいい状況のようにみえます。

しかし、言い換えると、働く人のモチベーションが、会社のエンゲージメント（絆）ではなく、利用者からの笑顔によって維持されているだけかも知れません。

「利用者といるのが楽しく、別れるのが淋しい」「利用者との関係が家族のような気持ちになっている」、これはこれでいいことなのですが、仕事の「やりがい」を感情的・感性的なものだけに還元していることがあります。そういう場合、そうではない利用者のところに行くのが気の重いものになったり、会社から配置転換を言い渡されると、「あの利用者がどうなってしまってもいいんですか」というような発言をすることがあります。

ある老人保健施設で、配置転換もキャリアアップもなく10年こつこつと働いていた女性に、「なぜこの施設で10年働けたのですか」と聞いたことがあります。

その答えは、「何も考えなかったからだと思います」でした。何も考えなかったことはないと思いますが、会社の理念も、モラール（士気）もほとんど意識せず、日々の仕事で利用者との関係を優先してきたということだと思います。その老人保健施設の相談内容は「主体的な職員が育たない」というものでした。

このような場合、周囲の社員が辞め、自分にリーダー的な仕事が回ってくると、職員との関係につまずいてバーンアウトし、やはり「何も考えない」で辞めていく可能性があります。

彼女は、**この施設に働き甲斐を見つけたのではなく、自分のペースで利用者からの信頼を得られたことで満足していたのかも知れません。もちろん、そのような職員も施設にとって大切な人だったのだろうし、本人にとっても幸せだったのかもしれません。しかし、たぶんに偶然で、流動的です。こういう人の善意（あるいは会社への無関心）をあてにしているようでは組織は堅牢にはなりません。**

いっぽう、意欲や能力の高い人が会社のバリュー（価値）を生み出せば、適切に評価し、お金やポジションを与えるのはとうぜんですが、何もしていない人にこれらを与える企業が多くあります。むしろ「何もしない」ことを理由に、ポジションを与える企業もあります。

私がある法人に勤めはじめたとき、先輩から、「この会議では発言しないほうがいいですよ。ほかの先輩に目をつけられますからね」と親切な助言をされたことがあります。

私はそれを「承知しました」と受け入れたのですが、会議が終盤になったとき、施設長から、「そのほか、何でもいいので意見を出していない人は言ってください」と言われたので、重苦しい空気を読んだうえで、この組織のため、と思いきって発言してみました。

「この会議では発言するな、とある人からいわれましたが、この会社はそういう会社なんですか」と。

もちろん、その会議後は、重鎮から総スカンを食らいました。今、思えば青臭い「正義感」丸出しで、挑戦的（アグレッシブなコミュニケーション）だった私の失策です。しかし、この法人は、「大人しく自分の仕事をしていればいい」という社員の集まりで、新しい取り組みをはじめようとすると、裏では不満が渦巻くだけで上手くいかないことが多かったのです。

いろいろな偶然から会社の安定がはかられているということがままあります。偶然のうえに戦略を立て組織をつくるのは非常に危険なことです。たぶん、今は大丈夫ですが、何かあったら簡単に淘汰されます。7S分析は、偶然的要素をつぶすにも役立ちます。

最大限の努力をするための7S

エリスのＡＢＣ理論（２０８ページ）には、「合理的判断」というものがあります。「上手くいくことに越したことはないが、うまくいかなければしょうがない」という発想ですが、そこに到達するまでさまざまな努力が必要です。

理念、目標、ビジョンといった共有されるべきものは、社員にとってワクワクするものでなければ「わがこと」にはなりませんし、幸せも感じません。

先日、壁紙を替える業者さんと話をしたのですが、お客様が想像した以上に部屋の雰囲気がよくなったときは、お客様と喜びを分かち合うといいます。

7Sは、社員一人ひとりと「喜びを分かち合う」ためにはどうすればいいのか、を考える七つ道具であると思います。それには苦しみも分かち合うことになりますが、喜びや苦しみを分かち合える仲間は大切です。

まちのラーメン屋さんに入って、おいしかったなら、おいしいラーメンを食べさせてもらったお礼に一言「おいしかった」と、「心の栄養ストローク」を差し出すのも、コミュニケーション力を養うトレーニングになります。ちょっと恥ずかしいかもしれませんが、ラーメン屋さんは、きっとその一言で昼の疲れもストレスも吹っ飛ぶと思います。自分の心も晴れ晴れすると思います。

人は、みな支え合って生きていますから。

あとがき

ストレス軽減は、経営管理の要

米国では、ＥＡＰ（Employee Assistant Program＝従業員支援プログラム）といい、従業員のメンタルヘルス（精神衛生）の維持・改善をはかるプログラムが普及しています。

従業員のメンタルヘルスは、単に、精神科疾患の予防や改善に関係するだけではなく、個人のパフォーマンス（仕事の意欲、作業効率など）に直接関わり、企業業績に直結することがわかっています。経済誌『フォーチュン』が選ぶ５００社中95社が、外部のＥＡＰサービスを導入しています。

日本でも、厚生労働省が社内外の専門機関を使った「ＥＡＰ」事業の促進をはかっていますが、精神科疾患の早期発見・予防に特化させたもので、組織改革にリンクさせていません。

筆者の会社もＥＡＰサービスを実施していますが、課題も多く感じていました。職場メンタルヘルスの枠組みでは「相談できない人」への組織的なサポートが遅れてしまうのです。

そこで、職場を活性化する10の質問を毎月1回実施するパルスサーベイを行い、社員のストレスとパフォーマンスの両方をサポートすることで人的マネジメントを促進する独自のシステム「ＣＡＰ」（Care Facility Assistance Program）を提案しています。もともとは離職が激しい職場の改善を行った後に、アフターケアとして遠隔サポートする仕組みでしたが、最近はさまざまな業態の企業にも導入しています。

仕事にはストレスはつきものですが、過剰なストレスは仕事の効率を低下させ、パフォーマンスを落とします。

チェックするだけではなく、個人の働きをアドバイザーが傾聴や助言をし、ときにはカウンセラーを派遣したりしながら、組織改善の提案を行います。

米国では、第二次世界大戦やベトナム戦争の帰還兵の精神的荒廃が、ＥＡＰの萌芽であったといわれます。１９８０年ごろから労務管理を組織の要としてシステム化されていきます。

日本でもバブル崩壊時期あたりから、金融などの大企業を中心に、従業員のメンタルヘルスに特化したＥＡＰ活動がはじまりました。

しかし、日本の屋台骨を支える中小企業にとっては、「ブラック企業」「サービス残業」に代表されるような「精神論」「根性論」がいまだに色濃く、メンタルヘルスは、経営管理に「付随」するもので、企業の発展に寄与するものではない、という認識があります。難しい経営の舵取りをしながら、従業員のメンタルにまで手が回らないというのが本音であろうと思います。

しかし、人口構造が変わり、若者の精神構造も大きく変化し、ようやく最近、労務管理が企業発展の要になることが理解されるようになってきました。

リーダーを育てない会社

われわれのＣＡＰは、１対１面談の成果を高めることも目的の一つです（ＣＡＰだけ導入する企業もありますが）。

ところが、トップが興味を持ってＣＡＰを導入しても、中間管理層からの強い抵抗を受けることがあります。ＣＡＰの導入で、従業員の1対1面談の成果が数値的にあらわれることが中間管理層の不安の一つのようです。ＣＡＰによってリーダーの資質が問われるのではないかと考えるのです。

私は、「それは問題点が明らかになってよかったですね」といいます。従業員のストレスが高いセクションは、実際にリーダーの働きに問題があることを示唆しています。つまりＣＡＰに反対するのは部下とのラポールに不安を抱えていることですから、そういうリーダーシップのあり方こそ改善をはかるべきなのです。

これは、そのリーダーに問題があるということではありません。多くの企業で、リーダーになる前にリーダー研修を行うことなく、「彼ならリーダーが務まるだろう」とリーダー職につけます。自分の業務をこなしながら労務管理を行う、いわゆるプレイングマネジャーです。その後は、「リーダーなんだから」と仕事を丸投げされ、「リーダーって何をすればいいのかわからない」と悩んでいる人が多いのです。

知識、技能的な面についてはは非の打ち所がなくても、人間のマネジメントは別です。リーダーになるために段階的に訓練を積む必要があります。そうしないと、上から下りてきた仕事をコツコツとこなすだけの従順で自己犠牲型のリーダーが生まれます。自己犠牲型リーダーは上層部にとっては都合がいいのですが、組織改革はできません。

「業績がすばらしい」という理由でリーダーに選ばれた人の中には「カリスマ型」リーダーとして、チームをぐいぐい引っ張ろうとする人がいます。しかし、現代の若者気質は、強いリーダーの元では「笛吹けど踊らず」で、自信喪失して、やはり「リーダーって何だろう」と悩むことになります。

よいリーダーは、一人ひとりの状態に合わせてリーダーシップをどのように発揮すればいいかを考察して、そのスタッフが最適なパフォーマンスを発揮できるような指導や助言を行うことができる人です。

CAPでは、現場のリーダーとスタッフの意識の乖離を数値的に確認し、組織への提案を行ったり、「第三者」として介入します。

リーダーに強い裁量権を

CAPの導入によって、中間管理層が抱く不安の2つめは、「第三者」を通して、リーダーだけに話してくれる個人の心理的な相談を本部に報告することになれば、リーダーとフォロワーのラポールが崩れるのではないかというものです。

情報管理は、1対1面談で重要な点なので確認しておきます。

1対1面談は、ラポールの形成と、仕事へのモチベーションを高めることが目的です。トップがどのような企業にしたいかという理念を明らかにし、1対1面談で全社員がその理念を共有します。CAPはその後方支援を行います。

1対1面談で、「私だけに話してくれた情報」は、会社にとって重要な情報ではありません。疾病、家族トラブル、性的マイノリティなど、リーダーとフォロワーのラポール形成に必要かもしれませんが、本人が望まないなら会社に報告する義務はありません。

逆に、さほど重要でもないことを「個人情報」として秘密にする雰囲気をつくると風通しが悪い組織になります。また、会社側も、それぞれのリーダーに裁量権をはっきり与えることで、情報のマネジメントをリーダーが行えるようにする必要があります。

リーダーに裁量権が与えられていないと、社員は、「このリーダーに話していいのだろうか」という不安を持ちます。せっかく高い能力とモチベーションを持ちながら、リーダーがフォロワーをかばいきれずに、不安や孤独を与え続けるのは残念なことです。リーダーの資質の問題もありますが、経営者が、組織としてどのように個人に対応しているかというしっかりした姿勢を打ち出す必要があります。

深刻な悩みは相談できない

ＣＡＰでは、社員の状態を数値的、グラフ的にとらえることで、リーダーによる面談の成果がある程度、可視化されます。本部とそれぞれのリーダーの関係も、第三者であるわれわれを通して明らかになります。過労死などが増え、社員の精神面の不安定さが指摘されるなか、今後、「ＥＡＰ」は日本でも普及すると考えられます。

厚労省が推進するＥＡＰなどメンタルヘルスには、社員が自己管理する「セルフケア」、上司が管理する「ラインケア」があります。また担当セクターを社内に置くものと、社外セクターを活用するものがあります。

ＣＡＰは後者ですが、ＣＡＰでは個人のメンタルヘルスに関しては、オンライン、オフラインのカウンセリングを行うほか、さまざまな健康指導、産業医への中継ぎを行います。といっても、メンタルヘルスのチェックだけ行っても、環境や状況が変わらなければストレスは消えませんし、問題は解決しません。何らかのトラブルが発生して、問題が可視化されるのは悪いことではありません。そこから組織そのものの改善が可能になります。むしろ、問題にフタをしてしまうことで後に取り返しがつかない問題に発展することがあります。

人は悩みが深くなるほど他者には相談できなくなります。「もうどうにもならない」という時点で会社に伝えても解決が難しいことになります。そういうセクションや個人ほどわれわれが月1回行う定期チェックは役に立ちます。ストレス状況を早期に把握し、組織疲労の原因となる課題を明らかにして報告し、その対応についてアドバイスします。

さらに、回答が遅い、あるいは「ない」という部署や個人は、直接的な対話を通じて状況を把握する必要があり、われわれのほうからそのセクション、個人に連絡して、対応方法をいっしょに検討します。

メンタルヘルスは、一般社員だけではなく、中間管理層にとっても重要です。

ストレスといっても、すぐにメンタルヘルスに関わるとはかぎらないものがあり、たとえば、上司・部下との人間関係で悩む人が多くいます。しかし、それが高じてうつ病などを発症する人は少なくありません。

価値観やタイミングの「ずれ」など、人間関係の問題は、ちょっとしたボタンの掛け違いで起こり深刻化することがあります。このずれは本人だけではなかなか修復できません。

たとえば、直属の上司が組織の問題をまったく取り合わないようなとき、われわれ「第三者」が間に立ち、誰の悩みかを伏せて、その上司に対して純粋な問題点として指摘することもあります。こういうことも当事者間だけでは難しいと思います。

1対1面談によるラポール形成は重要ですが、それですべてが解決できるものではありません。「第三者」だからこそ問題点を見いだし、複数の提案を用意することができます。

会議のときの「通訳」「ファリシテーター」もそうですが、会社にとって「第三者」の位置づけの重要性を考える時代であると思います。現在は、コンプライアンス、生命倫理などで第三者委員会が発足されますが、経営のコアの部分でも業績向上には有効に働くことがあります。

強い組織はメンタルヘルスから

「過労死」という言葉は、日本の特徴的現象であるようで、「Karoshi」は不名誉な国際語になっています。過労死は、特別なことではなく、氷山の一角と考えられ、水面下では大量の過剰ストレスが膨《ふく》らんでいます。たまたま裁判で表面化したものが事件となって報道されるだけです。

過労死が象徴しているものは、日本の企業のメンタルヘルスへの無関心です。障害や疾病のある人などには法律が適用されますが、目に見えない従業員の心についてはほとんど関心を示さない。しかし、価値多様（ダイバーシティ）な時代を生き残るには、人の心を強くする組織づくりが求められます。

人の心を強くすれば、チームも個人もパフォーマンスが向上します。経営数値からではなく、人の心のケアから業績改善を考える時代ではないでしょうか。上から、ではなく、下から、人間から考える経営を強く提案します。

井戸和宏

井戸和宏（いど　かずひろ）
株式会社 IDO 代表取締役
認定 NPO 法人 Link・マネジメント代表理事
日本社会事業大学専門職大学院ビジネスマネジメント修士。1993 年より高齢者介護施設で介護主任・相談員として活動。その後、株式会社の介護統括施設長、認知症介護研究の主席研究員などを経て、2012 年に独立。介護事業所を中心に、組織づくりのコンサルテーション、人材育成に携わる。地域活動にも力を入れている。資格は、社会福祉士、介護福祉士、介護支援専門員、認知症ケア上級専門士など。

辞めさせたくない社員が辞めない組織
人材激薄の介護業界もよみがえる次世代リーダーのつくり方

2019 年 12 月 15 日　第 1 版第 1 刷　発行

著　者　井戸和宏
発行者　小平慎一
発行所　ヒポ・サイエンス出版株式会社
〒 116-0011　東京都荒川区西尾久 2-23-1
電話 03-5855-8505　ファックス 045-401-4366
http://hippo-science.com
ブックデザイン　デザインオフィス ホワイトポイント
印刷・製本　アイユー印刷株式会社

ISBN978-4-904912-11-9
価格はカバーに表示してあります。落丁本、乱丁本はお取り替えいたします。

ヒポ・サイエンス出版の設立趣旨とお願い

●次のようなカンパニーをつくることを目的とします。

〈実証的〉「ヒポ」は、前4、5世紀の医聖ヒポクラテスのヒポで、意味は、馬、カバです。ヒポクラテスが求めたように何事にも実証的な姿勢でのぞみたいと思います。

〈弁証法的〉 他者の批判を率直に受け入れ、感情的・感傷的な言葉を排して、建設的な批判を行いながら、「楽しく」対話の果実を摘み取る共同体をめざしたいと思います。

〈精神の食卓〉「カンパニー」は、本来、「パンを分け合う仲間」を意味します。出版を通して、豊かでオープンな人間関係と人間性を養う共同体でありたいと思います。

〈食卓の精神〉 医療・福祉、健康、地理・歴史、地誌、教育の分野で、面白く、かつ哲学のあるものには、〈どん欲なカバ〉であろうと思います。

●皆様の厳正なご意見ご批判をお待ち申しております。

ヒポ・サイエンス出版仲間一同